# C.H.BECK ■ WISSEN

in der Beck'schen Reihe
2004

W0035811

Diese höchst kurzweilige Einführung faßt ebenso knapp wie einprägsam zusammen, was man über die Welt der Germanen unbedingt wissen sollte. Eloquent und kenntnisreich führt Herwig Wolfram den Leser in Herkunft und Mythen, Leben und Wirken der Germanen ein, porträtiert ihre Stämme und erzählt die Geschichte der „Völkerwanderung". Der Wiener Historiker macht vertraut mit den wichtigsten Quellen und Forschungsergebnissen und räumt zugleich auf mit hartnäckigen Klischees, die bis heute ein historisch ausgewogenes Verständnis der germanischen Welt beeinträchtigen.

*Herwig Wolfram* ist Professor für mittelalterliche Geschichte an der Universität Wien. Er hat zahlreiche Bücher und Aufsätze zur Geschichte der frühen Völker und des Mittelalters vorgelegt, darunter *Die Goten* ($^3$1990) und *Das Reich und die Germanen* ($^2$1990). Im Verlag C.H. Beck gibt er die Reihe *Frühe Völker* heraus.

Herwig Wolfram

# DIE GERMANEN

Verlag C. H. Beck

Die Deutsche Bibliothek – CIP-Einheitsaufnahme

*Wolfram Herwig:*
Die Germanen/Herwig Wolfram. – Orig.-Ausg. – München:
Beck, 1995
    (Beck'sche Reihe; 2004: Wissen)
    ISBN 3 406 39004 8
NE: GT

Originalausgabe
ISBN 3 406 39004 8

Umschlagentwurf von Uwe Göbel, München
© C.H. Beck'sche Verlagsbuchhandlung (Oscar Beck), München 1995
Gesamtherstellung: C.H. Beck'sche Buchdruckerei, Nördlingen
Gedruckt auf alterungsbeständigem (säurefreiem),
aus chlorfrei gebleichtem Zellstoff hergestelltem Papier
Printed in Germany

# Inhalt

# Vorwort

Ein kleines Buch über die Germanen zu schreiben, kann nur heißen, eine Auswahl zu bieten, Anregungen zu vermitteln, bestenfalls den Appetit auf mehr zu wecken. Dazu kommt, daß in der historischen Germanen-Forschung seit ihrer Überbetonung bis zur Mitte des 20. Jahrhunderts eine breite Generationenlükke entstanden ist, die seit geraumer Zeit allzu wenige zu füllen suchen. Nicht zu überschätzen ist der Beitrag der Philologien, geht es doch vor allem um das Verständnis von Texten und sprachlichen Zeugnissen aller Art. Viel Hilfe kommt von der Archäologie und der Frühgeschichtsforschung, jedoch nur für den, der sich der Methodendifferenz bewußt bleibt und dementsprechend vorgeht. Wie wichtig und hilfreich die Betrachtungsweisen der Nachbardisziplinen aber auch sind: Vornehmste Aufgabe des Historikers bleibt es, Geschichte zu schreiben, um den Gegenstand nicht zu verlieren.

Besonderen Dank schuldet der Autor Eva Regina Stain und Brigitte Pohl-Resl, ohne deren Hilfe das Büchlein nicht geschrieben worden wäre.

Wien, im Herbst 1994                    *Herwig Wolfram*

# I. Die Germanen

## Vergleiche, Stehsätze, Gemeinplätze, und was sich daraus machen läßt

Ganz anders als die Gallier sind die Germanen. Das ist die Quintessenz des ethnographischen Exkurses, den Caesar seinem Kommentar über das sechste gallische Kriegsjahr (53 v. Chr.) einfügte. Wie jede Kunde vom Menschen, die wissenschaftliche wie die vorwissenschaftliche, so leben Ethnologie und Ethnographie vom Vergleich; vom Vergleich zwischen dem zivilisierten Subjekt und seinen Objekten, den „primitiven Naturvölkern", wie zwischen den Objekten untereinander. Man verherrlicht die Tugend der Germanen, behauptet, ihre Sitten seien besser als anderswo die Gesetze (Tac. Germ. 19, 3), und erinnert damit an die verklärten Ursprünge Roms. Die Germanen seien größer, wilder und kulturloser als die Gallier, und damit ist die Nutzlosigkeit ihrer Unterwerfung erklärt. Die afrikanischen Vandalen gäben sich zuchtloser und verweichlichter als die sittenstrengen und bedürfnislosen Berber, und das wird bis heute als Grund für ihren Untergang angegeben.

Ethnologie als Feldforschung und ihre darstellende Schwester, die Ethnographie, sind stets auf der Suche nach dem „Edlen Wilden" gewesen, der einmal moralisch, dann – unseligen Angedenkens – rassisch besser war, neuerdings jedoch ohne jede sexuelle Zwänge sich von Getreide und Kräutern ernährt und auf ungebahnten natürlichen Pfaden rüstig eine gesunde Umwelt durchschreitet. Beide, Ethnologie und Ethnographie, zählen zu den Kulturwissenschaften der zivilisierten Welt, die sie auch für die Beobachtung des Fremden und ganz Anderen niemals völlig verlassen können. Bei der Objektivation, bei der für jede wissenschaftliche Forschung notwendigen Trennung von erkennendem Subjekt und erkanntem Objekt, gelingt es nur schwer, sich von den eigenen Kategorien zu trennen und die des Objekts anzunehmen. Um nicht mißverstanden zu werden, die Ethnologie ist eine ernstzunehmende Wissenschaft, und es wäre töricht und im besonderen Falle undankbar, ihre unbestreitbaren Erfolge abzuwerten. Aber die traditionellen ethnographischen Fehler reichen weit bis in die griechisch-römische Antike zurück und bieten heute noch der Satire Stoff und Stil. Dementsprechend heißt es in einer jüngst erschienenen „Völkerkunde Bayerns": „Ethnology is the study of everybody shorter and darker than you." Im Falle der antiken Autoren müßte es freilich heißen „größer und heller als Du" (siehe Strabo VII 1, 2: Vergleich zwischen Germanen und Kelten).

Daß man als Historiker nach den germanomanischen Exzessen des vergangenen und der ersten Hälfte unseres Jahrhunderts heute wieder über die Germanen sprechen und schreiben kann, ist freilich nur den Anleihen bei der Ethnographie und der Übernahme ethnologischer Methoden zu verdanken, wie dies Reinhard Wenskus 1961 in seinem bahnbrechenden Werk „Stammesbildung und Verfassung" so eindrucksvoll getan hat. Sein grundlegender methodischer Fortschritt bestand einmal in der Überwindung jeglicher etatistischer Betrachtungsweise, zum anderen in der Unterscheidung zwischen der Wortwahl der Überlieferung und ihrer Bedeutung: Wenskus schloß an Alfred Doves fast vergessene Überlegungen aus dem Jahre 1916 an. Dabei erkannte er, daß Ausdrücke wie *gens*, *genus-genos*, *genealogia*, *natio(n)*, aber auch der Begriff „Stamm" die Vorstellung einer biologischen Abstammungsgemeinschaft wiedergeben. Diese Gemeinschaft wird von gemeinsamen Ursprüngen und Urvätern hergeleitet, erhebt den Anspruch auf „unvermischte" Bodenständigkeit und kann unbesehen als Vorstufe des modernen Nationalismus dienen. Allerdings besteht die Schwierigkeit, daß man sich als Historiker der gehobenen Alltagssprache bedienen muß und seine Aussagen nicht ständig zwischen Anführungszeichen setzen darf. So wird weiterhin von Stamm und Volk zu sprechen sein, wobei freilich zu erwarten ist, daß der Leser die historische und nicht die aktuelle Bedeutung der Begriffe assoziiert.

Die Wirklichkeit sah nämlich ganz anders aus: Wann immer in den Quellen ein antikes oder frühmittelalterliches Volk auftritt, so besteht es aus vielen Völkern, die in einem Heer zusam-

10

mengefaßt sind. Die erfolgreichste Führungsgruppe dieser Völker bildet nach Reinhard Wenskus den „Traditionskern", der sich gleichsam als Abstammungsgemeinschaft aus Überlieferung versteht. Solange Traditionskerne erfolgreich sind, geben sie den Anstoß zur Bildung, Abspaltung und Umbildung von Völkern. Die gentile Überlieferung ist die Kunde von den „Taten tapferer Männer". „Die verschiedenen Völker unterscheiden sich nach Herkunft, Sitten, Sprache und Gesetzen", so oder ähnlich heißt es seit Caesar und Tacitus immer wieder nicht bloß von den Germanen; dennoch muß der moderne Betrachter aus dieser Vierergruppe zumindest auf die Sprache als stets verbindliche Kategorie verzichten, weil die gentilen Heere Krieger der verschiedensten indogermanischen wie nicht-indogermanischen Sprachgemeinschaften umfassen können.

Zahlreich sind die Stehsätze der antiken Ethnographien, die bis heute das Bild von den Germanen im guten wie im schlechten bestimmen. Dabei sind es zumeist die gleichen Eigenschaften, die einmal positiv bis zur Identifikation angenommen oder negativ bis zur Verneinung der Menschlichkeit abgelehnt werden. Diese Betrachtungsweise macht jedoch die antiken Berichte nicht von vornherein wertlos, sofern man das Interesse des Beobachters berücksichtigt. Wenn etwa Tacitus (Germ. 8) das besondere Ansehen germanischer Frauen untersucht, denen er sogar „etwas Heiliges und Prophetisches" zubilligt, erwähnt er zugleich, daß deren Verehrung nicht so weit in Schmeichelei ausartet, daß man aus ihnen Göttinnen macht. Selbstverständlich kritisierte der Autor mit dieser Anmerkung den Kaiserkult seiner Zeit, der auch die Frauen des kaiserlichen Hauses einbezog. Aber Tacitus darf die numinose Bedeutung einer Veleda (= Seherin), die „als Stellvertreterin einer Gottheit" galt, nicht erfinden, soll deren Gegenüberstellung mit der römischen Wirklichkeit Sinn haben. Das gleiche gilt auch von der allgemeinen Gegenüberstellung der zivilisierten (dekadenten) Welt und der angeblich gesunden unverdorbenen Barbaren. Germanen sind nämlich Barbaren und damit der Bedeutungsvielfalt des Begriffs unterworfen. Vielerlei ist darunter zu verstehen: Zunächst der Nichtgrieche, der lallt, nicht wie ein Mensch sprechen kann und sich dementsprechend wild aufführt; dann der Nichtrömer, für den weiterhin das griechische Barbaren-Bild gilt, das aber durch die Vorstellung der Vernunftlosigkeit erweitert ist. Daraus folgt die barbarische Unfähigkeit, ein auf Recht und Gesetz beruhendes Staatswesen zu errichten, Willkür und Gewalt zu unterdrücken – die „Germanische Freiheit" ist Gegensatz und Bedrohung des „Römischen Friedens" (*pax Romana*) –, den Wert von Verträgen zu begreifen und sie zu halten. Von hier ist der Weg nur kurz zur Überzeugung von der barbarischen, insbesondere germanischen Treulosigkeit, ein Wort, das zu dem bis heute wirksamen moralischen Barbarenbegriff überleitet. In der Vorstellung von der „Teutonischen Raserei" (*furor Teutonicus*) sind alle diese, nicht zuletzt der stoischen Philosophie verpflichteten Wertungen für alle Zeiten aufgehoben worden.

Der Germane ist der „zornige Mensch" schlechthin; wie ein wildes Tier erschreckt er andere und wird durch Fremdes leicht in Schrecken versetzt. Er ist zwar einfach und geradlinig, aber ebenso faul wie freiheitsliebend. Zorn, Faulheit und das Verlangen nach Freiheit hängen freilich von der Natur und dem Klima seines Lebensraumes ab. Sein großer Körper ist voller Flüssigkeit, die aber wegen der niederen Temperaturen seiner Umgebung nicht verdampfen kann. Dabei ist der Germane voll innerer Wärme, die leicht zur Erregung führt, weswegen er den Weingenuß besser meiden sollte. Die Germanen greifen schnell zu den Waffen, sind jedoch wenig ausdauernd und zielbewußt. Deshalb können sie auch nicht ihre Felder bestellen; die Kulturstifter Ceres und Bacchus haben ihren Weg nicht zu ihnen gefunden. Wie für Barbaren üblich, tragen die Germanen die Häute wilder Tiere, während der zivilisierte Mensch sich der Wollkleidung bedient. Der Freiheitsdrang ist aber eine so typisch germanische Eigenheit, daß sie dem antiken Ethnographen als Kategorie ethnischer Zuordnung oder Ausschließung dienen kann. Alle germanischen Eigenschaften sind umso stärker ausgeprägt und wilder, je mehr man sich von der Reichsgrenze weg ins Landesinnere Germaniens begibt.

Der bekannteste und zugleich umstrittenste Gemeinplatz betrifft die Herkunft vieler germanischer Völker aus Skandinavien: Kimbern, Teutonen und Haruden kamen aus dem Norden der Jütischen Halbinsel; das läßt sich tatsächlich mit einiger Sicherheit sagen. Die Heimat der Burgunder sei die heute dänische Insel Bornholm gewesen, die im 13. Jahrhundert mehrere skandinavische Sprachen als Burgundarholm und ähnlich bezeugten. Ausdrücklich behaupten die skandinavische Herkunft die Herkunftssagen der Goten, Gauten und Langobarden. Warum aber galt das als Insel gedachte Skandinavien „als eine Völkerwerkstatt oder Gebärerin von Stämmen" (Jordanes, Getica 25)? Die der antiken Ethnographie eigentümliche Klimalehre behauptete, der Norden verfüge über einen schier unerschöpflichen Menschenreichtum. Man lebe gesund in Skandinavien, bekomme Kinder bis ins hohe Alter, Männer seien noch mit sechzig zeugungsfähig, Frauen mit fünfzig gebärfähig. Die langen Winternächte, die in extremer Lage fast ein halbes Jahr dauern konnten, förderten selbstverständlich den Drang der Skandinavier, sich gewaltig zu vermehren. Daher mußte es immer wieder zur Übervölkerung des Landes und damit zu neuen Wanderbewegungen kommen, zumal Naturkatastrophen, wie Springfluten, Ernteausfälle und Hungersnöte, zum Verlassen der Heimat zwangen.

Tatsächlich haben auch diese Vorstellungen wenig mit der Wirklichkeit zu tun, vor allem dann, wenn man von der Auswanderung und daher auch skandinavischen Herkunft ganzer Völker ausgeht. Welche Bedeutung besitzt dann die immer wieder behauptete und gepriesene skandinavische Herkunft? Dazu eine Überlegung, die vielleicht den Ansatz einer Erklärung bietet: Hohes Prestige, Charisma und bevorzugte Stellung der germanischen Eliten, in einem Wort ihre *nobilitas*, beruhten auf einer großen Zahl von Vorfahren. Alte Traditionen waren daher stets attraktiv und politisch relevant. Als Konstantin der Große (306–337) nicht mehr länger mit seines Vaters niedriger Herkunft aus dem illyrischen Naissus-Nisch zufrieden war, machte er ihn zu einem Flavius, zu einem Nachkommen der hochverehrten kaiserlichen Dynastie des ersten nachchristlichen Jahrhunderts. Und als Theoderich der Große, spätestens im Jahre 484, römischer Bürger wurde, machte auch er seine Familie zu Flaviern. Selbstverständlich stammten weder Konstantin noch Theoderich „biologisch" von Vespasian, Titus oder Domitian ab. Aber das gleiche galt auch für die gotisch-amelungischen oder burgundisch-nibelungischen Traditionen, deren sich etwa bayerische, sächsische, aber auch norwegische und isländische Familien rühmten. „Die Aufzählung von Vorfahren beruht eben nicht auf Empfängnis und Zeugung" (Vilhelm Grönbech).

Die allgemein angenommenen und weitverbreiteten Traditionen bildeten nicht selten die Grundlage für die Entstehung größerer politischer Einheiten wie für ein gewisses Zusammengehörigkeitsgefühl der frühmittelalterlichen Adelsschicht. Daher waren Genealogien niemals bloße Literatur, sondern stets auch Teil der aristokratischen und königlichen Erziehung wie Existenz. Damit verbunden war die Erinnerung an die göttliche, später durch Heilige ausgezeichnete Herkunft adeliger und königlicher Familien. Aber diese Traditionen waren eben nicht auf eine bestimmte ethnische Gruppe oder ein bestimmtes Gebiet beschränkt. Im Gegenteil, sie konnten von einer Gruppe zu einer anderen übergehen, und zwar durch Wanderung, Heirat, Adoption oder durch „Ansippung" (Reinhard Wenskus). Im letzteren Fall der freiwilligen Zuordnung an fremde Überlieferungen mußte keinerlei direkte Verbindung zwischen den gebenden und den empfangenden Traditionsträgern bestehen.

Sucht man nun nach besonders langen Genealogien königlicher und adeliger Familien, so finden sich diese ausschließlich in Skandinavien sowie auf den Britischen Inseln. Eine Erklärung dafür könnte im Phänomen der konservativen Insel-Kultur liegen, die sich in relativer Ungestörtheit entfalten und daher ethnische Traditionen länger bewahren kann. So stellt sich auch der Gewässernamenbefund Irlands und Südskandinaviens in großer Einheitlichkeit dar. Die vornormannische Namensschicht ist – von einigen angelsächsischen und voreinzelsprachlichen Fällen abgesehen – fast völlig keltisch in Irland, während es kaum nichtgermanische Hydronyme (Gewässernamen), ganz zu schweigen von Toponymen (Ortsnamen) in Südskandinavien gibt.

Aufgrund dieser Überlegungen wäre zu sagen: Ebenso wie Skandinavien nach der Völkerwanderungszeit keine Massen von Heeren und Völkern samt deren Traditionen importierte, so exportierte es vorher keine Völkerschaften, sondern vielmehr hervorgehobene sakrale Traditionen, die weite Strecken überwinden konnten, entweder mit kleinen Traditionskernen oder noch häufiger ohne direkte Vermittlung. Skandinavien gab dem Kontinent vielgliedrige Stammbäume weiter, die erst südlich der Ostsee zu den wichtigsten Traditionen etwa der Goten und Langobarden wurden. So ist die skandinavische Herkunft vieler Völkerwanderungsgruppen ein Motiv geworden, das historisch höchst wirksam wurde, jedoch nicht notwendig auf Historizität beruhte.

Die Nordbarbaren, insbesondere Germanen und Kelten, galten den Römern im allgemeinen als schön. Sie sind blond und blauäugig, groß und schlank, besitzen also alle diejenigen Rassenmerkmale, die für die Aufnahme in die von der SS geführten Nationalpolitischen Lehranstalten gefordert wurden. Allerdings hätten Reichsführer SS Heinrich Himmler und seine Clique bei der Aufnahme in die NAPOLA die anthropologische Untersuchung kaum mit der nötigen Klassifizierung Rasse 1 oder 2 passiert. Das aus der Antike überlieferte Germanenbild kann daher nicht ohne Blick auf die Perversionen des 20. Jahrhunderts vorgestellt und vermittelt werden.

Bei aller Schönheit sind freilich die Nordbarbaren furchtbar schmutzig, obwohl oder weil sie in kalten Flüssen baden. Sie verwenden Butter als Haarpomade, so daß sie schrecklich riechen. Sie tragen Felle und lassen viel Fleisch unbedeckt. Unerschöpflich ist die barbarische Manneskraft, weil sie nicht vor dem 20. Lebensjahr Geschlechtsverkehr haben. Allerdings, die Hunnen sind häßlich, sind sie doch die Söhne von bösen Geistern und gotischen Hexen.

Zur Kontrolle solcher Aussagen gibt es jedoch bildliche Darstellungen sowie anthropologisch auszuwertende Funde in Gräbern und Mooren. Bis etwa 300 überwiegen die Leichenbrände bei weitem, dann nimmt die Zahl der Körpergräber stark zu. Allerdings verbrannten die Sachsen ihre Toten bis ins 7. Jahrhundert; und auch anderswo in der Germania hält sich die ältere Form der Leichenbestattung noch lange über die Zeit um 300 hinaus. Die weit über tausend Moorleichen gehören dagegen, soweit es sich nicht um Unfälle handelt, der germanischen Frühzeit bis ins zweite nachchristliche Jahrhundert an. Während aus den Gräbern Skelette und vor allem Skelettreste erhalten blieben, konservierten die Moore auch die Weichteile fast nach Art des „Ötzi".

Erhaltene behaarte Schädel bestätigen den Suebenknoten als germanische Haartracht. Viele Moorleichen, Männer, Frauen und Kinder, die keinem Unfall zum Opfer gefallen waren, zeigen Spuren von Gewaltanwendung bis zu tödlichem Ausgang vor ihrer Versenkung im Moor. Eine Schlinge um den Hals weist auf vorherige Hängung oder Strangulierung hin, ein Tod, der auch rituelle Bedeutung gehabt haben könnte, nämlich als Opfer oder Selbstopfer an Wodan. Manche der Leichen wurden zusätzlich mit einem Flechtwerk aus Zweigen bedeckt. Daß es sich im letzteren Fall um eine besondere Art der Bestrafung gehandelt hat, wird bezüglich der männlichen Individuen durch Tacitus (Germ. 12, 1) bestätigt, wonach die Germanen „Feiglinge, Kriegsdienstverweigerer und körperlich Geschändete im Schlamm der Sümpfe versenken" und überdies mit Holzwerk festmachen. Dies war wahrscheinlich gegen Widergänger gedacht, das heißt gegen wiederkehrende gefährliche Tote, darunter im Kindbett gestorbene Frauen ebenso wie schädliche Leute, Zauberer und Nekromantiker. Zauberei ist die Ausübung eines von der Stammesmehrheit nicht geduldeten Kultes, worauf in der Völkerwanderungszeit, wie auch auf Inzest, jedoch eher die Verbannung als die direkte Todesstrafe steht.

Alle diese Befunde ergeben ein erstaunlich gleichbleibendes, auch über den Beginn der eigentlichen Völkerwanderungszeit hinausreichendes Bild der Germanen. Die Germanen waren gegenüber ihren mediterranen Zeitgenossen tatsächlich hochwüchsig; die Männer maßen 170 bis 180, die Frauen 160 bis

165 cm, obwohl der anthropologische Befund selbstverständlich starke Abweichungen zuläßt. Das gleiche gilt für die Robustheit der Germanen und ihre überwiegend schmalen Schädelformen. Nicht bestätigen kann die Anthropologie die weit verbreitete Überzeugung antiker Schriftsteller, wonach die Germanen alle langbärtig gewesen seien. Die überreiche Barttracht sollte wohl eher den Germanen als Barbaren kennzeichnen als stets eine Wirklichkeit wiedergeben. Auch würde der Stammesname „Langobarden" (Langbärte) keinen Sinn ergeben und kein Unterscheidungsmerkmal bezeichnet haben, wenn alle Germanen die gleichen Rauschebärte getragen hätten. Wodan-Odin wird allerdings als langbärtiger Gott beschrieben, und so könnte die Zuordnung zu seiner Gefolgschaft, die nicht bloß für die Langobarden überliefert wird, sondern in der Wikingerzeit weit verbreitet war, zur Verallgemeinerung der Langbärtigkeit geführt haben. Die Wikinger-Darstellungen kommen jedenfalls nicht ohne lange Bärte aus, und zwar auch im eigenen Siedlungsraum.

Die gotischen Völker unter Einschluß der Burgunder, aber auch die westgermanischen Thüringer, Alamannen und Bayern nahmen in der Hunnenzeit den Brauch der künstlichen Schädeldeformation an, die wohl eine gewisse Sonderstellung der Betroffenen ausdrücken sollte. Bereits im 4. vorchristlichen Jahrhundert hatte die griechische Ethnographie die skythischen Makrokephalen, Langköpfe, entdeckt: Am Asowschen Meer würde den Neugeborenen durch Drücken mit den Händen und Anlegen von Binden die rundliche Form des Kopfes verändert und seine Länge vergrößert. Bei diesen Völkern galten nämlich langköpfige Menschen als die edelsten und vornehmsten. Offenkundig wurde dieser Brauch auch im Hunnenreich geübt und selbst von den Germanen an dessen Rändern übernommen. Er ist für das 5. und 6. Jahrhundert besonders an Donau, March und Theiß, an der oberen und unteren Elbe, im Rhein-Main-Gebiet sowie zwischen Saône und oberer Rhône nachzuweisen.

Der anthropologische Befund bestätigt mit genauen Zahlen das allgemeine Wissen, wonach die Kindersterblichkeit entsetzlich hoch, das Durchschnittsalter mit um 30 Jahren sehr niedrig war. Die Frauen starben wegen ihrer hohen Gefährdung im Kindbett für gewöhnlich früher als die Männer. Allerdings waren die Frauen unter den alten Individuen ungleich stärker vertreten. Die Menschen waren vielfältigen Krankheiten ausgesetzt, litten an Arthrose und schrecklichem Zahnweh. Gebißschäden, die man landläufig nur zu gerne als Zivilisationskrankheiten bezeichnet, plagten bereits die Germanen um Christi Geburt. Besonders häufig waren auch Gelenkserkrankungen und Deformationen der Wirbelsäule. Gegen Seuchen und Infektionskrankheiten war kaum ein Kraut Germaniens gewachsen.

Von den Bestattungsplätzen schließen die Archäologen auf die Größe der einzelnen Siedlungen, von denen aus die Belegung erfolgte. Die dabei angestellten Berechnungen ergeben zwar im einzelnen unterschiedliche Resultate, lassen aber doch erkennen, daß die Obergrenze einer Siedlungseinheit etwa bei zwei- bis dreihundert Menschen lag. Ihre Häuser waren einfach, oftmals in die Erde vertieft, in Skelettbauweise errichtet, die Pfostenreihe rechtwinkelig aufeinander zulaufend und mit Stroh oder Schilf gedeckt. Für die Wandfüllung zwischen den Pfosten wurde Flechtwerk verwendet, das mit Lehmbewurf abgedichtet und verputzt war; doch sind auch Bretterwände nachweisbar. Die Grubenhäuser waren klein, die Pfostenbauten konnten stattliche acht bis zehn Meter Höhe erreichen.

Ein ethnographischer Gemeinplatz ist die Darstellung des Barbaren und damit des Germanen als Nomaden oder Halbnomaden, der hauptsächlich von Viehzucht und Jagd lebt, was bloß in den seltensten Fällen mit der Wirklichkeit übereinstimmt. Die Geschichtswissenschaft, die in erster Linie auf schriftliche Quellen angewiesen ist, bedarf daher der Korrektur durch die Ergebnisse der archäologischen und sprachwissenschaftlichen Forschungen. Schon in der als germanisch geltenden Jastorf-Kultur vor Christi Geburt ernährte sich die Bevölkerung sowohl von Viehwirtschaft als auch von Pflanzenanbau. Ganz große Bedeutung kam der Gerste zu – es gibt Fundplätze, wo diese Getreideart mehr als 90 Prozent des Befundes ausmacht –, aber auch Hafer, Rispenhirse und in geringerem

Maße Weizen und Roggen sind nachzuweisen. Bevorzugt wurden die sandigen Böden, weil sie mit den primitiven Holzpflügen leichter zu bearbeiten waren. Der Boden konservierte Sicheln, Sensen und Zugjoche für die Rinder.

Die archäologischen Einsichten werden durch sprachgeschichtliche Befunde ergänzt und bestätigt, mag deren wichtigste Quelle, die gotische Bibelübersetzung der Mitte des 4. Jahrhunderts, auch aus viel späterer Zeit und aus einem Raum stammen, in dem germanische Völker bereits jahrhundertelang in engem Kontakt mit der antiken Mittelmeerkultur gestanden waren. Die biblische Geschichte entwirft in ihren Gleichnissen ein höchst anschauliches Bild vom Leben einer Bevölkerung, die sich von Ackerbau, Viehzucht und Fischfang ernährt. Um aber die Begrifflichkeit dieses Lebens ins Gotische zu übertragen, benötigten Bischof Wulfila und seine Helfer kaum fremde Anleihen. Fast alle bibelgotischen Wörter für Früchte, Getreidearten, Unkraut, für den Mist, den Pflug, für die sonstigen Werkzeuge und bäuerlichen Arbeiten beruhen auf rein gotischer Grundlage.

Barbaren, so wußten es die zivilisierten Ethnographen, essen alle dieselbe eintönige Mahlzeit. Fleisch wird gliedweise gebraten oder gar roh verzehrt, oftmals herrscht Hunger. Die barbarische Wirtschaft war tatsächlich eine Mangelwirtschaft. Sehr schnell lernten die grenznahen Germanen, ihr Nahrungsmitteldefizit durch Zukäufe aus Gallien oder den Donauprovinzen zu ergänzen. Überschüsse aber gab es entweder nicht, oder es war damit nichts anzufangen, weil kaum Vorräte angelegt werden konnten. War einer reicher als der andere, hatte er Teil am „Mehrwert" einer Stammeswirtschaft, dann konnte er einen Teil seiner Leute von der Lebensmittelproduktion entlasten und sie als militärische Gefolgschaft halten. Er konnte aber auch Luxus kaufen, Gold und Silber, und damit verschwenderisch umgehen, um sein Prestige zu erhöhen.

Hunger und Not bedrohten ständig die germanische Stammesgesellschaft. Sie entstanden aber nicht, weil sich die Bevölkerung in den langen Winternächten ihrer nördlichen Heimat ungestüm vermehrte – nach Ausweis des archäologischen Befundes blieben ihre Zahlen erstaunlich stabil –, sondern wegen der allgemeinen Friedlosigkeit und Ausgesetztheit einer barbarischen Gesellschaft. In dieser bildete der Krieg den Normalzustand und mußte der Friede erst vertraglich festgelegt werden. Auch herrschte grundsätzliche Ungleichheit; je nach Herkunft, Geschlecht und Alter besaßen Mann, Frau und Kind einen bestimmten Wert, den ihnen das Wergeld garantierte, das heißt ein materieller Betrag, der im Falle der Verletzung der psychischen und physischen Integrität als Buße fällig war. Die ständige Bedrohung der sozialen, wirtschaftlichen wie physischen Existenz des einzelnen wird auch oft genug ausgesprochen und gilt als einer der Hauptgründe für den Übertritt oder das Überlaufen von Germanen zu den Römern, um dem gefährlichen Leben als Barbar zu entkommen. Der Feind ist in dieser Umwelt nicht bloß das Volk, das jenseits einer breiten, zumeist verwüsteten Grenzzone haust, sondern bereits das Nachbardorf, der nächste Häuptling und sein Clan oder die andere Sippe desselben Stammes. Man muß sich wundern, wie die Stammesüberlieferung solche chaotischen Zustände als harmonisch empfinden konnte. Dies war nur deshalb möglich, weil eine Stammesgesellschaft aus dem heroischen Pathos lebte, das heißt von der „Ehre" reguliert wurde.

## Die Ehre

Ideologiebefrachtete Reizwörter nehmen in diesem Buch kein Ende: Nun soll auch noch von Ehre und von Heil die Rede sein. Sicher, die nationalsozialistischen Ideologen haben sich nicht zuletzt auf jene Erscheinungsformen längst vergangener Herrschaft berufen und damit ihre eigenen Wahnvorstellungen und Verbrechen zu legitimieren versucht. Tagespolitische Entstellungen und Perversionen entheben jedoch den Historiker nicht der Pflicht, sich der mißbrauchten Überlieferung anzunehmen. Gerade wegen der Belastung des Gegenstands ist die Gratwanderung zwischen gefährlicher Verherrlichung und im Endeffekt ebenso gefährlicher Nichtbeachtung archaischer Tradition unverzichtbar.

Die Ehre eines Menschen ist seine totale Integrität, seine Unverletztheit in körperlicher wie geistiger, materieller wie ideeller Hinsicht. Wer Ehre hat, ist heil, besitzt Heil. Wer ehrlos wird, wird auch heillos, er wird „feig", das heißt, er ist dem Tode geweiht. Selbstverständlich finden sich derartige Vorstellungen nicht nur bei den Germanen. Aber für diesen Bereich bietet vor allem der skandinavische Norden eine vielfältige Terminologie und zahlreiche Beispiele in einer volkssprachlich-lateinischen Parallelüberlieferung. Mitunter wirkt archaisches Denken bis heute fort, wenn etwa das Opfer eines Taschendiebstahls seinen Verlust als persönliche Kränkung erfährt. Der ertappte heimliche Dieb war daher, unabhängig von der Größe des Schadens, lange Zeit Gegenstand schwerer, jedenfalls entehrender Strafen, um die Ehre des Geschädigten wiederherzustellen. Hinter den Massenvergewaltigungen bosnischer Frauen stehen vielfältige Motive und Motivgruppen. Eine von ihnen reicht in archaische Ursprünge zurück, wonach die Schändung der Frau nicht nur ihre persönliche Integrität und Ehre, sondern auch die des Gegners insgesamt treffen, ihn „feig" machen und seine Existenz zerstören soll.

Die Ehre ist daher stets von der Unehre bedroht, die eine üble Tat, „Neidingstat", bewirkt. Die Ehre kann nur durch Rache wiederhergestellt werden. Wahrscheinlich verhinderte Germanicus selbst die Erreichung seines Kriegsziels, Germanien bis zur Elbe wieder zu unterwerfen, indem er den eigentlichen Kriegszügen zwei Unternehmen mit scheinbar spektakulärem Erfolg voranstellte: die Niedermetzelung der waffenlosen, um ihr Heiligtum versammelten Marser und die Gefangennahme Thusneldas im Hause ihres Vaters. Beides waren Neidingstaten, Beispiele für unehrenhaftes Handeln, das nach Rache rief und die weitgehende Einigung der vorher keineswegs auf eine konsequente antirömische Haltung festgelegten Stammesgruppen und Stämme bewirkte.

Wenn die Ehre intakt ist, heilt sie, strahlt sie Heil aus. Je vornehmer die Familie, desto stärker kann dieses Heil sein, das von den Göttern stammt. Das größte Stück Heil besitzen die Könige. Die Goten hätten nach einem entscheidenden Sieg ihre

amalische Königsfamilie, „aus deren Glück sie zu siegen pfleg-
ten, nicht mehr als einfache Menschen, sondern als A(n)sen,
das heißt als Halbgötter akklamiert" (Jordanes, Getica 78 ff.).

Große Bedeutung besaß in einer solchen Welt der „Glücksvergleich", das heißt, es wird ausprobiert, welches Heil stärker
ist. Wer dabei klug ans Werk ging, konnte sogar kommerziell
Erfolg erringen: Ein Mann hatte nur Pech; alles, was er begann,
ging schief. Schließlich entschloß er sich, sein letztes Geld zu-
sammenzukratzen und mit dem König folgendes Geschäft zu
machen: Er wollte noch ein letztes Schiff ausrüsten und heisch-
te dafür vom König dessen Glück. Dafür würde er die Hälfte
des Gewinns an den König abführen. Selbstverständlich hatte
der bisherige „Unglücksmann" sich von nun an um seinen Erfolg nicht mehr zu sorgen; mit dem Königsglück im Rücken
war er bald ein gemachter Mann.

Ehre und Heil waren Motive historischen Handelns, nicht
dieses selbst. In der archaischen Welt waren sie wirksam; man
soll sie dort, wo sie hingehören, als solche anerkennen, im übri-
gen aber in dieser Umgebung belassen.

## Überlegungen zum modernen Germanenbild

Die historisch-archäologische Beschäftigung mit den Germanen
wurde im 19. Jahrhundert vom philologischen Interesse am Gegenstand noch übertroffen. So ging die Einteilung in Westgermanen, Ostgermanen und Nordgermanen von der Sprachwissenschaft aus. Ihr lag die Annahme zugrunde, die Ostgermanen
seien die aus Skandinavien ausgewanderten, im Osten Europas
und in Mitteleuropa ansässig gewordenen Völker der Goten,
Vandalen, Burgunder und sprachverwandter Gruppen gewesen, die allesamt sowohl Auslöser der Völkerwanderung wie
ihre Opfer wurden. Die Westgermanen dagegen seien im wesentlichen in das Frankenreich inkorporiert worden und hätten
als solche „überlebt", während die Germanisierung der Britischen Inseln sowohl von den Nordgermanen wie den Westgermanen ihren Ausgang genommen habe. Wenn man als Historiker diese Begrifflichkeit mit allen ihren linguistischen Voraus-

setzungen unbedenklich übernimmt, gerät man in eine selbstgestellte Falle. So galten die Burgunder lange Zeit wegen ihrer Sprache, vor allem aber wegen ihres arianischen Bekenntnisses als Ostgermanen, wurden aber von den Zeitgenossen wegen ihrer Herkunft aus Gebieten östlich des Rheins als Germanen bezeichnet; eine Zuordnung, die eben für Ostgermanen nicht zutrifft. Aus diesem Grund sollte man sich auf eine geographische Einteilung der Germanenvölker einigen. Man kann sicher von Skandinaviern sowie von Elb-, Rhein- und Donaugermanen sprechen. Wo dies der Anschaulichkeit dient, wäre der Kunstausdruck „Ostgermanen" durch die quellengetreue Bezeichnung „Gotische Völker" zu ersetzen.

Die klassische Ethnographie hatte den Suebennamen auf eine Vielzahl germanischer Stämme ausgedehnt. In nachklassischer Zeit, das heißt nach den, vornehmlich von Sueben getragenen und verlorenen Markomannenkriegen, nahm jedoch die Bedeutung des Gotennamens ständig zu. Seit dem Ende des 5. Jahrhunderts konnte man die verschiedensten Völker, die Goten in Gallien, Italien und Spanien, die Vandalen in Afrika, die Gepiden an Theiß und Donau, die Rugier, Skiren und Burgunder, selbst die nichtgermanischen Alanen als gotische Völker bezeichnen. Der gemeinsame arianische Glaube und eine Sprache, die aufgrund der wulfilanischen Bibelübersetzung als gemeinsame Kult- und Hofsprache ausgeformt worden war, galten nun als wichtigste Kriterien der ethnischen Zuweisung. Kein Wunder, daß sich davon die katholischen Völker des Frankenreiches und die sowohl von Rom wie von Irland aus katholisierten Angelsachsen ebenso absetzten wie die viel später dem katholischen Christentum gewonnenen Skandinavier. Suchten die gotischen Völker, obwohl religiöse Dissidenten, an die römische Staatlichkeit unmittelbar anzuknüpfen, so erreichten die katholischen Germanen das gleiche mittelbar über das römische Christentum. Mit Fug und Recht konnte jüngst ein bemerkenswertes Buch mit dem Satz eingeleitet werden: „Die Germanische Welt war vielleicht die größte und dauerhafteste Schöpfung des politisch-militärischen Genius Roms" (Patrick Geary). So gesehen bedeutet es wenig, daß die meisten Völkerwanderungsreiche tatsächlich bloß kurzlebige Herrschaftsbildungen waren. Ihre Erfahrungen gingen deswegen nicht verloren: indem sie den Übergang von der Antike zum Mittelalter bereiteten, schufen sie das Phänomen, das europäische Kontinuität heißt. Die Könige und Völker dieser Reiche beschäftigen daher nicht zu Unrecht die Phantasie der Nachwelt, die sich bis heute von deren meteorhaftem Aufstieg und Untergang faszinieren läßt.

## Der Name der Germanen wird bekannt

Der Germanen-Name wurde bisher aus folgenden Sprachen hergeleitet: Hebräisch, Ligurisch, Latein, Keltisch, Germanisch, Venetisch, Illyrisch und Alteuropäisch (Birkhan 1970, 204 f. Anm. 356). Die Frage nach seinem Ursprung ist daher derzeit vom Historiker nicht zu beantworten; sie ist wie die meisten Herkunftsfragen besser nicht zu stellen, sondern dem Streit der „Originalisten" zu überlassen, das heißt denjenigen Interessierten, denen es bis an die Grenzen des Dilettantismus um Ursprünge, Herkunft und Anfänge geht.

Das gleiche gilt von der Wortbedeutung: Der Grieche Strabo war um Christi Geburt der Meinung, die Römer hätten mit *Germanus* die „echten" Galater (Kelten) von den Kelten links des Rheins unterschieden, weil auf lateinisch *germanus* soviel wie „echt" bedeutet (7, 1, 2). In Wirklichkeit ist die Angelegenheit etwas schwieriger, weil sich die Sprachwissenschaft bei aller Verschiedenheit in den Standpunkten doch darauf geeinigt hat, daß der Germanen-Name nichtgermanischer Herkunft ist und daher seine Bedeutung auch dunkel bleiben wird.

Dagegen ist die Einsicht wertvoll, daß der Germanen-Name keine Selbstbezeichnung war, sondern als Fremdbezeichnung entstand und – sieht man von literarischen Anleihen ab – eine solche bis heute geblieben ist, wie dies der Name der Deutschen etwa in der englischen, griechischen oder russischen Sprache lehrt. Diejenigen aber, die die Germanen als erste so genannt hatten, waren keine Römer, sondern keltische Belgen gewesen.

Im ersten Drittel des letzten vorchristlichen Jahrhunderts waren rechtsrheinische Völker nach Gallien vorgedrungen, sei es, daß sie schon Germanen im späteren Sinne waren oder nicht. Die suebisch dominierte und von König Ariovist geführte Wanderlawine, die bis ins Innere Galliens vorstieß, führte hier um 70 v. Chr. zur Ausbreitung des Germanen-Namens und bald danach zu dessen Übernahme durch die Römer, die von den bedrohten Galliern zu Hilfe gerufen wurden. Von ihnen borgten die Römer den Namen und verallgemeinerten ihn so weit, daß sie aus den Völkern östlich des Rheins und nördlich der Donau die Germanen machten.

Die traditionelle griechische Ethnographie, die Lehrmeisterin der Römer, hatte bis dahin unter den Nordbarbaren nur die Skythen von den Kelten unterschieden, allenfalls von Keltoskythen in deren Mitte gesprochen. Erst der römische Feldherr Caesar zog Konsequenzen aus der Tatsache, daß es zwischen den Kelten westlich des Rheins und den skythisch-sarmatischen Steppenvölkern östlich der Weichsel eine dritte Gruppe von Völkern als eigene ethnische Identität gab. Caesar entdeckte zwar die Germanen nicht; aber er vertiefte die vagen Vorstellungen, die man in Rom von ihnen bisher gehabt hatte, und verhalf einer germanischen Ethnographie zum Durchbruch. So wußte Caesar von seinem großen Gegner, eben dem suebischen Heerkönig Ariovist, daß er Keltisch als Fremdsprache gebrauchte. Von nun an war in den Augen der Römer ein Germane entweder ein Bewohner Germaniens oder einer, der aus diesem Land stammte.

In den nächsten Jahrhunderten, nicht zuletzt durch die Tacitus-Monographie „Germania" (geschrieben 98 n. Chr.) vermehrte sich das Wissen um den gesamten germanischen Raum und darüber hinaus. So nahmen die ethnographischen Kenntnisse über eine sagenhafte Insel Skandinavien zu, die einige Tagesreisen zu Schiff vom Kontinent entfernt in der Ostsee liegen sollte. Außerdem weiteten die gotischen Wanderungen seit Beginn des zweiten nachchristlichen Jahrhunderts die germanischen Herrschafts- und Siedlungsräume über die Weichsel bis weit nach Sarmatien, ja bis an dessen Ostgrenze am Don aus. Daher engte schon die Spätantike den Germanenbegriff zunächst wieder auf die Alamannen und dann auf die Franken als die dominierenden Völkerschaften des traditionellen Germaniens zwischen Rhein und Weichsel, Nord- und Ostsee und Donau ein. Zählten die Gutonen, die pommerschen Vorläufer der Goten, und die Vandilen, die schlesischen Vorfahren der Vandalen, noch zur taciteischen Germania, so wurden die späteren Goten, Vandalen und anderen ostgermanischen Völker von den Germanen unterschieden und als Skythen, Goten oder mit ihren Sondernamen angesprochen. Dieser Gliederung entsprach die Tatsache, daß auch die nachtaciteischen Skandinavier nicht mehr zu den Germanen gezählt wurden, obwohl man sie mit ihnen wie mit nahen Verwandten verglich.

## Die ersten Germanen und die Mittelmeerwelt

Als die Bastarnen im letzten Drittel des dritten vorchristlichen Jahrhunderts an der unteren Donau auftauchten und hier sehr rasch zu einer bedeutenden gentilen Macht wurden, haben weder sie selbst gewußt, daß sie Germanen seien, noch wurden sie von den vornehmlich griechischen Beobachtern anders denn als Kelten bezeichnet. Sie schlugen sich zunächst mit ihren dakisch-thrakischen Nachbarn herum, wurden dann aber bald gesuchte Verbündete der griechischen wie kleinasiatischen Diadochen. Während des letzten makedonisch-römischen Krieges im Jahre 168 v. Chr. boten sich Bastarnen dem König Perseus als Hilfstruppen an. Bastarnen befanden sich auch unter den Söldnern des pontischen Königs Mithradates und dürften dabei eine so bedeutende Rolle gespielt haben, daß Pompeius, der Sieger über Mithradates, im Jahre 61 v. Chr. auch über sie triumphierte. Von nun an bis an die Wende vom dritten zum vierten nachchristlichen Jahrhundert unterhielten Bastarnen höchst unterschiedliche Beziehungen zu Rom oder wurden selbst von dominierenden gentilen Herrschaftsbildungen abhängig, wie etwa vom dakischen Großreich Burebistas (gest. 54 v. Chr.) oder von den seit 238 die untere Donaugrenze bestürmenden Goten.

Ob ihr Name „Bastarde" bedeutet oder nicht, sie dürften ihren Nachbarn, den Skiren, den „Reinen", als „Mischlinge" gegolten haben. Früh schon wurden Bastarnen und Skiren gemeinsam genannt; ihren, gleichsam weltgeschichtlichen Höhepunkt erlebten letztere aber erst in der Person Odoakers: Der skirische Königssohn ließ sich 476 von dem, vornehmlich aus Germanen bestehenden italischen Föderatenheer zum König erheben, schickte danach Romulus Augustulus als letzten weströmischen Kaiser in Pension und verzichtete auf eine Wiederbesetzung des ravennatischen Kaiserthrones. Man ist daran gewöhnt, diese Entscheidung als das Ende des Weströmischen Reiches zu bezeichnen und damit die Epochengrenze zwischen Antike und Mittelalter zu markieren, wie problematisch eine solche Festlegung sowohl theoretisch wie faktisch auch sein mag.

## Kimbern und Teutonen

Als Inbegriff barbarischer Fremdartigkeit, des Schreckens und jähen Zusammenbruches einer germanischen Wanderlawine gilt bis heute der Kimbern- und Teutonensturm, der in den letzten zwanzig Jahren des zweiten vorchristlichen Jahrhunderts halb Europa vom Ebro bis zur Savemündung und vom Po bis zur Seine aufs tiefste beunruhigte. Ausgelöst angeblich durch Springfluten und Hungersnöte in einer kargen skandinavischen Urheimat, gelten die kimbrisch-teutonischen Invasionen seither als klassische Völkerwanderungen. Was immer auch davon historisch gesichert ist – so kritisierte man schon in der Antike die Vorstellung, eine Naturkatastrophe allein hätte zum Verlassen des Landes gezwungen –, um 120 v.Chr. brachen Kimbern, Teutonen, Ambronen und Haruden im Norden Jütlands auf und stießen in kurzer Zeit bis ins Land der keltischen Skordisker an Save, Drau und Donau vor. Danach wendeten sie sich saveaufwärts gegen das mit Rom verbündete Königreich Norikum und schlugen im Jahre 113 v.Chr. bei Noreia, einem Ort im heutigen kärntnerisch-steirischen Raum, ein konsularisches, das heißt ein aus zwei Legionen zu je 6000 Mann bestehendes Heer. Darauf verließen sie jedoch das Land südlich der Donau und überquerten nahe der Mainmündung den Rhein. Im Süden Galliens errangen sie 109 und 105 v. Chr. abermals zwei Siege über die Römer, worauf sie sich teilten, die Kimbern bis über den Ebro nach Spanien vorstießen, während die Teutonen und Ambronen das Innere Galliens verheerten. Nach kurzer Wiedervereinigung der beiden Heerhaufen zwischen Loire und Seine trennten sie sich erneut: Teutonen und Ambronen marschierten bis tief in die Provence und wurden 102 v. Chr. bei Aquae Sextiae (Aix-en-Provence) vom römischen Feldherrn Marius vernichtet. Ein Jahr später widerfuhr den über die Alpen in die Poebene vorgedrungenen Kimbern das gleiche Schicksal bei Vercellae (Vercelli).

Die Todesverachtung der Barbaren wie ihrer Frauen wird allgemein erwähnt; die antiken Autoren zeigen sich betroffen von der für sie sinnlosen Vergeudung von Menschen und Gütern: die Kimbern und Teutonen hängten ihre Gefangenen auf, ertränkten deren Rösser, warfen die Beutestücke ins Wasser oder zerstörten sie. Es bedurfte einiger Zeit, bis man erkannte, daß die Fremden auf diese Weise den Göttern opferten. Ihre überschüssige Kraft zeigten die Kimbern, indem sie sich nackt einschneien ließen, durch Eis und tiefen Schnee auf die Gipfel kletterten, von dort auf ihren breiten Schilden zu Tal rodelten, wie Giganten und Riesen Bäume mitsamt den Wurzeln ausrissen, Felsbrocken und Erdklumpen bewegten, um einen die Römer schützenden Fluß zuzuschütten. So wurde es zum politischen Vermächtnis von Aquae Sextiae und Vercellae, die Wiederholung derartiger Schrecken für alle Zeiten zu bannen. Es dauerte jedoch länger als ein ganzes Jahrhundert, bis die Römer das Ursprungsland jener katastrophalen Barbarenstürme genauer lokalisieren konnten: Im Jahre 5 n. Chr. kam eine kimbrisch-harudische Sühnegesandtschaft zu Kaiser Augustus nach Rom, überbrachte „als Geschenk das wertvollste Sakralgefäß, das sie besaßen, und baten damit um Freundschaft und um Verzeihung für ihr einstiges Verhalten" (Strabo 293). Anlaß dazu war eine römische Flottenfahrt, deren Ziel nach Ausweis des Rechenschaftsberichtes des Augustus die Wohnsitze der Kimbern waren (Monumentum Ancyranum 26).

Den Zeitgenossen galten Kimbern und Teutonen als Kelten, was insofern nicht ganz unrichtig war, als sich zahlreiche keltische Völkerschaften Mitteleuropas den wandernden Fremden angeschlossen hatten. Reizvoll wirkt die Frage, wie die im nördlichen Jütland sitzenden Germanen zu der Erkenntnis kamen, sie seien die Nachkommen der schrecklichen Invasoren gewesen. Wurden sie von den römischen Entdeckern in die Pflicht einer „Kollektivschuld" genommen und dafür zur Verantwortung gezogen? Oder hat sich eine Erinnerung an die „Taten tapferer Männer" in der kimbrisch-teutonischen Heimat erhalten, so daß die Nachkommen es von sich aus für ratsam halten mußten, bei den bereits in Norddeutschland erfolgreich operierenden Römern gut Wetter zu machen?

## Caesar und die Germanen

Vergil (Georg. I vv. 474 f.) hat beim Tod Caesars prophetischer, als ihm bewußt sein konnte, den germanischen Himmel vom Getöse der Waffen erzittern lassen. Die Ergebnisse der caesarischen Germanenpolitik sind in der Tat nicht zu überschätzen, weder in ihren praktischen Auswirkungen noch in ihrem Nachleben bis hin zur Germanenidentifikation der Deutschen seit dem 12. Jahrhundert.

Um das Jahr 70 v. Chr. hatte der Suebe Ariovist, dessen erfolgreiches Heerkönigtum sogar der römische Senat anerkannte, mit einem aus vielen Völkern zusammengesetzten Heer den Rhein überschritten und war in Gallien eingefallen. Ariovist war der erste *rex Germanorum*, König von Germanen, den die Geschichte kennt. Den Kampf der Sequaner und der Häduer um die zentralgallische Vorherrschaft nützend, hatte Ariovist die Häduer besiegt und tributpflichtig gemacht, von den Sequanern jedoch Siedlungsland genommen. Unter seinen suebisch dominierten Scharen werden auch die skandinavischen Haruden und die damals östlich des Rheins siedelnden Markomannen genannt.

Nach seinem Sieg über die Helvetier erkannte Caesar noch in seinem ersten Kriegsjahr (58 v. Chr.) die Notwendigkeit, die eingedrungenen Germanen zu stellen und aus Gallien zu vertreiben. Nach geschickten Verhandlungen und taktisch klugen Operationen errang er beim elsässischen Mühlhausen einen großen Sieg über Ariovist. Damit war der Rhein als Reichsgrenze abgesteckt, obgleich noch lange nicht gesichert; spätere germanische Versuche, den Strom zu überschreiten, wurden jedoch von Caesar stets rasch vereitelt. Im Gegenzug übersetzte der Feldherr mit seinen Truppen sowohl 55 wie 53 v. Chr. den Strom, um Strafexpeditionen durchzuführen. Nicht zuletzt seine, in diesem Zusammenhang entworfenen ethnographischen Exkurse dienten dem Zweck, der römischen Öffentlichkeit die Nutzlosigkeit eines tieferen Vordringens nach Germanien klarzumachen. Der Mangel an Bildungsfähigkeit und die niedere Kulturstufe der Germanen seien nicht die Knochen eines einzigen römischen Legionärs wert.

„Nach Beendigung des Germanenkrieges (von 55 v. Chr.) hielt es Caesar aus vielen Gründen für notwendig, den Rhein zu überqueren. Am meisten gerechtfertigt und berechtigt wirkte unter diesen Gründen folgender: Caesar sah, daß sich die Germanen so leicht bewegen ließen, nach Gallien einzubrechen, weshalb er ihnen zeigen wollte, wie sehr sie selbst bedroht seien, wenn sie erkennen mußten, daß ein Heer des römischen Volkes den Rhein seinerseits (jederzeit) überschreiten könne und dies auch tue." (b. G. IV 16,1).

„Caesar hatte aus den genannten Gründen den Rheinübergang beschlossen. Aber die Verwendung von Schiffen hielt er einerseits nicht für sicher genug, andrerseits aber auch unter seiner und der Würde des römischen Volkes." Daher sollte trotz der damit verbundenen Schwierigkeiten der Bau einer Brücke versucht oder aber auf das Unternehmen völlig verzichtet werden. Tatsächlich gelang die Errichtung einer hölzernen Jochbrücke, deren Pfähle in das Flußbett eingerammt wurden. Die Bauzeit des Wunderwerkes betrug nur zehn Tage. Die römischen Pioniere müssen daher hervorragend ausgebildet gewesen sein, aber auch über geeignete Geräte und Maschinen (Flaschenzüge, Rammböcke und Dreibäume) verfügt haben. Caesar hielt sich insgesamt 18 Tage jenseits des Rheins auf, um dem Ruhm und dem Nutzen des römischen Volkes Genüge zu tun. Dann zog er sich nach Gallien zurück und ließ die Brücke abbrechen. (b. G. IV 17–19).

Caesars Leistung machte nachhaltigen Eindruck. Er gab selbst noch dem Kaiser seinen Namen, den seit Karl dem Großen und Otto dem Großen die „Deutschen" stellten. Nachdem die Deutschen während des 11. Jahrhunderts aber tatsächlich als ethnische Identität entstanden waren, suchten ihre Literaten nach deren Stammvater, gleichsam nach dem deutschen Gründerheros, und fanden ihn in keinem Geringeren als Caesar. Im „Gallischen Krieg" konnte jedermann nachlesen, daß Caesar mit Hilfe der Germanen die Gallier besiegt hatte. Das um 1160 entstandene elsässische Chronicon Ebersheimense ist eines der frühesten Zeugnisse für ein deutsches Nationalbewußtsein, das sich von der französischen Identität absetzt und unterscheidet. Ebersheim liegt im Elsaß, das heißt im Grenzgebiet Germaniens zwischen dem Rhein und den Vogesen: So beginnt das erste Kapitel der anonymen Schrift. In der heidnischen Zeit hatten die Bewohner dieses Gebietes, die Deutschen, wie bei den Germanen üblich, am meisten Merkur verehrt; ein Gott, der entsprechend der griechischen Etymologie angeblich „Herr der Kaufleute", *mercatorum kirios*, genannt wird, oder eben Teutates, Gott der Deutschen. Es störte nicht, daß Teutates nach Lukan, Pharsalia, ein gallischer Gott war. Mit Hilfe einer Etymologie, die auf den Gleichklang der Worte baut, wir sprechen heute von Volksetymologie, wird jede Schwierigkeit überwunden. Noch leichter aber werden aus den Germanen die Deutschen, aus den Galliern die Franzosen. Als Caesar nach seinem Sieg über die letzteren, den er mit Hilfe der Deutschen erfochten hatte, auch diese, und zwar mit friedlicheren Mitteln, unterwarf, da hatte er deren Fürsten als Senatoren, die geringeren Krieger aber als römische Ritter bezeichnet. Und als der Feldherr nach Rom zurückkehren wollte, hatte er vorher noch in Deutschland einen ersten Reichstag einberufen. Die fundamentalistische Gleichsetzung von Germanen und Deutschen, von Galliern und Franzosen, von Römern und Italienern ist ein Versatzstück des europäischen Nationalismus bis in unsere Tage geblieben.

# Arminius

„Das gewaltige Erleben der jüngsten Vergangenheit, das sich immer tiefer bohrt und sich um die Gestalt des Führers Adolf Hitler drängt, der das deutsche Volk zusammenschweißte und vom Abgrund des Verderbens zurückriß, findet in der Einigung der germanischen Stämme unter Arminius gewiß einen Stoff, in dem es sich lösen kann." (zitiert nach Graus, Lebendige Vergangenheit 251 Anm. 48). So schrieb ein Autor des Jahres 1933, der offensichtlich gewisse Schwierigkeiten hatte, sich zu lösen, jedenfalls aber Karl Kraus bestätigt, wonach „dem Kampf gegen das Welsche eine heimliche Sympathie für das Kauderwelsche zugrunde zu liegen scheint." Und wie kein Zweiter wurde Arminius für diesen Kampf gegen das Welsche in Anspruch genommen, seitdem er im Jahre 1529 durch den posthum herausgegebenen „Arminius" Ulrichs von Hutten wiederentdeckt wurde. Den deutschen Humanisten – Melanchthon gab Huttens Werk zusammen mit der Germania des Tacitus im Jahre 1538 neu heraus – ging es um den Nachweis der Gleichrangigkeit der germanischen, das heißt der deutschen Vorgeschichte mit der des Alten Roms, wozu sich der Römersieger Arminius bestens zu eignen schien. Dieser brachte es – als Hermann eingedeutscht – zum Symbol des Freiheitshelden, ja Retters Europas im Kampf gegen den welschen Imperialismus Napoleons: „Die Hermannsschlacht" Kleists ist das bekannteste und zugleich literarisch beste Werk seiner Art, womit man es sogar in unseren Tagen unter einem sozialdemokratischen Minister zum Burgtheaterdirektor bringen kann. Allerdings gab es stets auch kritische Stimmen; Heinrich Heine dichtete in seinem 1844 verfaßten „Deutschland, ein Wintermärchen" (c. 11):

> Das ist der Teutoburger Wald,
> Den Tacitus beschrieben,
> Das ist der klassische Morast,
> Wo Varus steckengeblieben.
>
> Hier schlug ihn der Cheruskerfürst,
> Der Hermann, der edle Recke;

Die deutsche Nationalität,
Die siegte in diesem Drecke.

Wenn Hermann nicht die Schlacht gewann
Mit seinen blonden Horden,
So gäb' es die deutsche Freiheit nicht mehr,
Wir wären römisch geworden!

usw. usw.

O Hermann, dir verdanken wir das!
Drum wird dir, wie sich gebühret,
Zu Detmold ein Monument gesetzt;
Hab' selber subskribieret.

Die Fertigstellung des Hermann-Denkmals auf dem Grotenberg
zog sich freilich 56 Jahre hin; erst 1875 wurde der Cheruskerfürst mit Flügelhaube und gezogenem Schwert, grimmig nach
Westen blickend, im Beisein Kaiser Wilhelms I. eingeweiht. Die
Arminius-Begeisterung der deutschen Studienräte währte bis in
die Dreißigerjahre, fand jedoch während des Nationalsozialis-
mus nicht die erwartete Fortsetzung und Erfüllung. Die Germanen waren nicht unbedingt nach Hitlers Geschmack, weil er
sich mit ihrer barbarischen Geschichte Mussolini gegenüber
stets zurückgesetzt fühlte. Auch konnte die Hermann-Verherr-
lichung ihre konservativen Ursprünge in den Freiheitskriegen
niemals verleugnen, weshalb sie für Heinrich Himmlers Vorstellungen eines dynamischen Germanentums wenig brauchbar
schien. Schließlich hatte Arminius als Befehlshaber germanischer Hilfstruppen den Römern seinen „Fahneneid" gebrochen; ein wenig erbauliches Beispiel für den SS-Staat, der bei
der Unterwerfung Europas keinen Anführer von „Hiwis", von
„Hilfswilligen Völkern", benötigte, der als zweiter Arminius
erfolgreich gegen die deutsche Militärmaschine rebelliert hätte.
Heute steht Hermann zwar immer noch auf seinem klassizisti-
schen Unterbau und macht den Grotenberg zum Ausflugsziel
aus nah und fern; seine nationalistische Schlagkraft scheint jedoch für immer einer touristischen Vermarktung gewichen zu
sein. Und das ist eigentlich gut so.

Wer aber war der historische Arminius? Entsprechend den Angaben des Tacitus, wonach Arminius mit 37 Jahren und im zwölften Jahr seiner, wohl von 9 n. Chr. an zu berechnenden Herrschaft den Tod fand, dürfte er von 16 v. bis 21 n. Chr. gelebt haben. Er gehörte der Führungsschicht, dem Traditionskern, der Cherusker an, eines mittelgroßen Stammes, dessen Wohnsitze zwar nicht genau zu lokalisieren sind, wohl aber vom Quellgebiet der Lippe und Ems bis über die Elbe nach Osten reichten. Die als Königssippe (Tac. Ann. XI 16) bezeichnete cheruskische Elite bestand zumindest aus zwei Familien, die nach ihrer Namensgebung – von acht bekannten männlichen Familienmitgliedern trugen fünf mit *Sigi*-(Sieg-) zusammengesetzte Namen – wahrscheinlich miteinander verwandt waren. Darum agierten sie politisch jedoch keineswegs als Einheit. Ja, im Gegenteil. Sie waren einander im Kampf um den Vorrang spinnefeind geworden. Der Vater des Arminius hieß Sigimir, sein Onkel Inguomer, während von seinem Bruder nur der lateinische Zuname *Flavus*, der Blonde, bekannt ist. Umstritten bleibt, ob *Arminius* eine rein lateinische oder eine latinisierte Namenbildung darstellt. Im letzteren Fall könnte „Arminius" den Namen des Vaterbruders variiert und diesem „In-Gott-Ingo-Berühmten" einen „In-Gott-Irmin-Berühmten" gegenübergestellt haben. Wenn aber Arminius nur ein lateinischer Name war, dann sollte, so meinte man, Arminius ursprünglich Siegfried geheißen und damit das Urbild für den größten germanischen Helden – wurde er doch wie dieser von den eigenen Verwandten erschlagen – abgegeben haben. Eine auf sehr dünnen Beinen stehende Spekulation, der noch dazu das Odium deutschnationaler Rhetorik anhaftet. Für den Historiker ist Zurückhaltung am Platz: Arminius hat einen Namen getragen, dessen Bedeutung dunkel bleibt.

Die Rivalität, ja Feindschaft innerhalb der Königssippe ist an den unterschiedlichen politischen Entscheidungen zu erkennen, die die Haltung des einzelnen gegenüber den Römern, Chatten und dem Suebenbund unter dem Markomannenkönig Marbod bestimmte. Außerdem raubte Arminius – wohl erst einige Zeit nach seinem Varus-Sieg – die Segestes-Tochter Thusnelda gegen den Willen ihres Vaters, der sie einem anderen verlobt hatte; noch dazu war sie damit einverstanden.

## Ein „Dreißigjähriger Krieg" (16 v.–16 n. Chr.)

Das Imperium Romanum, in dem sich Augustus nach der Schlacht von Actium (31 v. Chr.) als unangefochtener Princeps durchgesetzt hatte, sparte vor allem in Mitteleuropa noch weite Gebiete aus, deren vollständige Unterwerfung bei der Errichtung einer umfassenden *pax Augusta* unumgänglich schien. So waren weder der Alpenbogen noch gar das rätisch-vindelikische und norisch-pannonische Donauland als römische Provinzen eingerichtet. Im Jahre 15 v. Chr. waren die westlichen und mittleren Gebiete unterworfen, in den Jahren 12 bis 9 v. Chr. Illyrien um Pannonien erweitert worden. Damit wurde die Grundlage für den entscheidenden Angriff auf die Germania libera gelegt, und zwar sowohl in das Gebiet östlich des Rheins wie nördlich der mittleren und oberen Donau. Wenn man das Monumentum Ancyranum, den „Rechenschaftsbericht" des Augustus, recht versteht, waren die römischen Reichsgrenzen in Mitteleuropa für die Linie Elbe-Sudeten-March-Carnuntum vorgesehen. Im Einklang mit der auch von Augustus vertretenen Staatstheorie waren die dafür nötigen Militäraktionen keine „ungerechten Kriege", das heißt keine Überfälle und unprovozierte Aggressionen.

Anlaß für ein Vorgehen gegen die Germanen gab ein kombiniertes sugambrisch-tenkterisches Unternehmen, das im Jahre 16 v. Chr. den römischen Reichsfrieden aufs schwerste verletzte. Krieger der beiden, ungefähr zwischen den Mündungen der Lippe und des Mains siedelnden Stämme hatten den Rhein überquert, auf heute niederländischem Boden nordwestlich von Aachen eine römische Legion überfallen und beinahe vernichtet. Diese Herausforderung bot den, wohl nicht unwillkommenen Anlaß, die Germanenfrage zu lösen. Augustus verlegte seine Residenz von Rom nach Aquileia und hielt sich auch längere Zeit in Gallien und am Rhein auf, wo nach dreijähriger sorgsamer Vorbereitungszeit die große Drusus-Offensive (12–9

v. Chr.) begann. Im vierten Kriegsjahr überschritt Drusus im Cheruskerland die Weser und erreichte die Elbe. Bei einem schweren Reitunfall tödlich verletzt, starb der erfolgreiche Feldherr, der jüngere Stiefsohn des Kaisers, auf dem Rückmarsch zwischen Elbe und Rhein. Darauf setzte der ältere Bruder Tiberius die Kämpfe in den nächsten beiden Jahren fort, zog sich aber dann freiwillig zurück, ohne daß der Germanenkrieg zu einem Ende gekommen wäre.

Sein Nachfolger überschritt knapp vor Christi Geburt die Elbe und errichtete dort einen Altar zu Ehren des Augustus. Allerdings war offenkundig nach dem Tod des Drusus weniger eine völlige Unterwerfung Germaniens, als vielmehr deren äußere Beherrschung beabsichtigt. So wurde etwa den Hermunduren, den Vorfahren der Thüringer, erlaubt, die von den Markomannen unter Marbod geräumte Marcomannis, wohl das heutige Franken, in Besitz zu nehmen. In den Jahren 4 und 5 n. Chr. hatte der inzwischen zum Nachfolger des Augustus designierte Tiberius den Plan wieder aufgenommen, Germanien bis zur Elbe einzugliedern. Dabei kam es zur freiwilligen Unterwerfung der Cherusker. Diese hatten sich maßgeblich am Kampf gegen Drusus beteiligt; doch dürfte es in der Zwischenzeit zu Spannungen innerhalb der Führungsschicht gekommen sein, die zur Exilierung der Unterlegenen führte. Die aus dem Stamm Vertriebenen wandten sich zunächst erfolglos an den römischen Feldherrn. Nur wenige Jahre später scheint sich dagegen die gesamte cheruskische Führungsschicht vereint den Römern angeschlossen zu haben: die Sigimer-Söhne Arminius und Flavus traten als Befehlshaber von cheruskischen Stammeseinheiten in römische Dienste, wurden römische Bürger, Arminius sogar nachweislich in den Ritterstand erhoben. Aber auch Segestes, der Chef der anderen Familie und später bitterer Feind wie Schwiegervater des Arminius, erhielt das römische Bürgerrecht, sein Sohn Sigimund wurde Priester am ubischen Augustusaltar in Köln. Die Befriedung des heute nordwestdeutschen Raums schien so gut wie abgeschlossen, so daß der Angriff auf das böhmische Markomannenreich Marbods die logische nächste Stufe zur Erreichung des Kriegsziels darstellte.

Herr der Markomannen und der von ihnen abhängigen Völker, zu denen Langobarden und Gutonen (Goten) zählten, war der ebenfalls von und in Rom ausgebildete, vielleicht sogar mit dem Bürgerrecht ausgezeichnete Marbod. Der König wich mit seinen Markomannen den Römern aus, verdrängte die Boier und errichtete in deren Heimat Boiohaemum-Böhmen ein für die damalige Zeit sehr modernes Königtum. Durch Unterwerfung oder/und Verträge gründete der Heerkönig Marbod ein ansehnliches mitteleuropäisches Reich, das die Römer als Bedrohung ansahen. Keine 300 Kilometer sei das Marbod-Reich von den höchsten Alpengipfeln, den Grenzen Italiens, entfernt und verfüge über ein Heer von 70 000 Fußkriegern sowie 4000 Reitern, sagte man sich (Velleius Paterculus II 109, 2–4). Marbod sei mehr seiner Abstammung nach als nach seinen geistigen Fähigkeiten ein Barbar gewesen und habe seine Herrschaft weder durch Aufruhr oder Zufall noch aber aufgrund der Wahl durch seine Stammesgenossen erworben, sondern eine unangefochtene Befehlsgewalt und königliche Macht errungen.

Im Jahre 6 n. Chr. erhielt Tiberius von Augustus den Auftrag, das markomannische Machtpotential zu zerstören: in einer Zangenbewegung sollten zwei römische Riesenheere, das eine mainaufwärts, das andere von Carnuntum aus, das Land unterwerfen. Dazu wurden nicht weniger als zwölf Legionen aufgeboten, eine militärische Machtkonzentration, die bisher in diesem Raum unerhört, ja unvorstellbar gewesen war. Die römische Militärmaschine setzte sich in Bewegung. In fünf Tagesmärschen erwartete man die erste Feindberührung sowie bald darauf die Vereinigung der beiden Römerheere. Plötzlich brach mit ungeheurer Wucht der Pannonische Aufstand aus, der im Nu von der Donau bis tief nach Makedonien hinein die römische Herrschaft vernichtete. „Die Furcht vor diesem Krieg war so groß, daß sie sogar den standhaften und durch die Erfahrungen aus so großen Kriegen gefestigten Mut des Kaisers Augustus zum Wanken brachte und aufs tiefste erschreckte." Das Unternehmen gegen Marbod wurde sofort abgeblasen, und fast alle Legionen und Hilfstruppen, darunter cheruskische Kontingente mit Arminius an der Spitze, marschierten gegen die Pannonier. Das Markomannenreich blieb unangetastet; Verhandlungen sollten den Frieden wiederherstellen, der „unter gleichen Bedingungen" geschlossen wurde und daher Marbods Prestige unter den Germanen gewaltig hob. (Velleius Paterculus II 108 ff. Tac. Ann. II 46, 1 f.).

Marbod hatte großes Glück gehabt. Aber auch Glück gilt – besonders in archaischen Kulturen – nicht als Zufall, sondern als Verdienst, als gute Eigenschaft eines Mannes, der zum König taugt. Wer der Bessere ist, hat mehr Glück, wie es sich im „Glücksvergleich" herauszustellen pflegt. Arminius dürfte langfristig auf diesen Glücksvergleich mit Marbod hingearbeitet haben; denn unmittelbar nach der Einstellung der römischen Eroberungspolitik war es der Cheruskerfürst, der die militärische Auseinandersetzung mit Marbod suchte und erfolgreich bestand.

Zunächst zogen die Römer aus der pannonischen Tragödie insofern keine Konsequenz, als im Jahre 7 n. Chr. der bisherige syrische Statthalter Varus mit der Verwaltung des anscheinend unterworfenen germanischen Nordwestens betraut wurde. Damit verbunden war das Kommando über die fünf Rheinlegionen und die Auxiliareinheiten, wohl 60 bis 70 000 Mann. Varus hatte in Syrien das für einen Statthalter übliche Riesenvermögen gemacht; nun schien er es sich leisten zu können und zu wollen, einmal für Rom bei den Wilden gleichsam kostenlos Dienst zu tun, ihnen die Segnungen der römischen Jurisprudenz zu vermitteln und sie der Vorzüge der Romanitas, wie Steuern und Truppenaushebungen, teilhaftig werden zu lassen. Daher wurde er das leichte Opfer des Arminius und seiner Mitstreiter.

Warum jedoch Arminius die römische Sache aufgab und den bisher erfolgreichsten Aufstand gegen das wachsende Reich unternahm, kann bloß vermutet werden. Sehr überlegenswert ist die Annahme, wonach Arminius wie nach ihm der Bataver Civilis ursprünglich eine Revolte der germanischen Hilfstruppen gegen die Legionen geplant habe (Dietrich Timpe). Allgemeine Gründe für die Unzufriedenheit gab es genügend: Zurücksetzung, geringeren Sold und schlechtere Bedingungen, brutale Aushebungsmethoden und Härten der Dienstverpflichtung. Die germanischen Hilfstruppen wollten sich daher gleichsam bessere „Tarifverträge" erstreiten und griffen zu den Waffen. Daß daraus eine allgemeine „Volkserhebung" wurde, die beim Bataveraufstand der Jahre 70/71 ausblieb, könnte damit zusammenhängen, daß eine Provinz Germanien zur Zeit des Varus bloß auf dem Papyrus oder den Wachstafeln der römischen Administratoren existierte. Dagegen war die gallische Provinzverwaltung zwei Generationen später viel zu sehr gefestigt, als daß der Bataveraufstand entscheidenden Zuzug aus den linksrheinischen Gebieten gewonnen hätte. Eine solche Erklärung hat viel für sich, aber sie sagt noch nichts über den Grund für die persönliche Entscheidung des Arminius aus.

Zurückgesetzt wurde Arminius wahrlich nicht; mit der Verleihung der Ritterwürde hatten ihn die Römer sowohl unter den Barbarenfürsten wie unter den Angehörigen der cheruskischen Königssippe eindeutig hervorgehoben. Selbst noch als Segestes ihn vor Varus des Verrats bezichtigte, glaubte der Statthalter mehr dem römischen Ritter als dem einfachen römischen Bürger. Auch war in seinem Fall nicht „Bruder von Bruder für immer getrennt worden" (vgl. Tac. Hist. IV 14, 3), sondern er diente gemeinsam mit Flavus in der römischen Armee. Gemäß den Mechanismen der römischen Steuereinhebung hatten Arminius und die Seinen bei der Errichtung einer Provinz Germanien eher zu gewinnen als zu verlieren. So mißverständlich und abgedroschen es klingen mag, als Motiv für die Entscheidung des Arminius bleibt nur die „Ehre". Arminius mußte die zerstrittene Welt seiner Sippe aus den Angeln heben, um sich bei den Cheruskern und den benachbarten Stämmen seinem Selbstwertgefühl entsprechend durchzusetzen. In den Augen seines Kriegskameraden Velleius Paterculus (II 105, 1) wurde Arminius „durch unsere Niederlage *nobilis*", was nur sehr schwach mit „bekannt" oder „berühmt" übersetzt wird. Das in *nobilis* angelegte Bekanntsein hat eine politische Dimension. Darum konnte Arminius sein Ziel nur durch eine unvorstellbare Tat erreichen, durch einen Sieg über die Römer mit dauerhafter Wirkung. So konnte er „es den Verwandten zeigen", womöglich mit Marbod gleichziehen und supragentiler Heerkönig werden. Als wichtigstes Werkzeug dazu diente ihm die Rebellion der germanischen Auxiliartruppen, die dann Erfolg haben würde, wenn sich ein Großteil der Völkerschaften anschlösse. Institutionell würde dies bedeuten, daß Arminius monarchische Gewalt auf Zeit erhielte, die ihm – wie in Einzelfällen nachweisbar – Zwangsgewalt gegenüber gentilen Konkurrenten in- wie selbst außerhalb seines Stammes verlieh. Seinen Gegnern blieb nämlich bloß die Alternative, weiterhin auf die römische Karte zu setzen, was sie zwangsläufig zum Bruch des *consensus gentis* zwingen würde (vgl. Tac. Ann. I 55, 3).

Dieser Mechanismus funktionierte tatsächlich, so lange es gegen die Römer ging. Mit dem Ende der Bedrohung von außen erlosch die monarchische Gewalt des Arminius; wollte er wirklich König werden, mußte er Marbod besiegen. Dieser Kampf gelang, allerdings um den Preis der abermaligen Spaltung der cheruskischen Führungsschicht; in der entscheidenden Schlacht kämpfte sogar der Vaterbruder des Arminius, der so tapfer, wenn auch unklug gegen die Römer gestritten hatte, auf seiten des Markomannenkönigs. Trotzdem siegte Arminius. Marbod verlor Schlacht, Königtum und Heimat. Bald darauf wurde der Sieger – „nach dem Königtum strebend" – (Tac. Ann. II 88) von seinen Verwandten, möglicherweise sogar unter Mitwirkung des chattischen Schwiegervaters seines Bruders Flavus, ermordet.

## Die Feldzüge des Arminius

Was die antiken Autoren an den Feldzügen des Arminius interessierte, haben sie aufgeschrieben; und was davon erhalten blieb, steht der modernen Interpretation zur Verfügung. Erschließbar ist die Teilnahme des Arminius an der von Tiberius eingeleiteten Niederwerfung des Pannonischen Aufstandes im Jahre 6 n. Chr. Spätestens zwei Jahre danach diente der Cherusker wieder als regulärer Befehlshaber von cheruskischen Stammeskontingenten in der Rheinarmee. Er machte sich sowohl

Varus unentbehrlich wie er den Aufstand gegen die römische Okkupationsarmee vorbereitete. Sein Gegenspieler war Segestes, der noch am Tag vor der Eröffnung der Feindseligkeiten schwere Anklage gegen Arminius erhob und anbot, zum Beweis für den geplanten Aufstand ihn selbst, Arminius und alle Stammesführer festzunehmen sowie eine gerichtliche Untersuchung einzuleiten. Varus war jedoch mit Blindheit geschlagen, und so kam es, wie es kommen mußte: Wohl eher im September oder Oktober als im Juli oder August 9 n. Chr. brach Varus an der Spitze von drei, obgleich nicht vollzähligen Legionen und mit zahlreichen Hilfstruppen auf, um noch vor dem Beziehen der Winterlager am Rhein den (fingierten?) Aufstand eines entfernten Volkes niederzuschlagen. Damit war der Vorstoß in unwegsames Gelände verbunden, eine Situation, die Arminius und seine mitverschworenen Stammesführer ausnützten.

In einem eher drei- als zweitägigen Kampf wurde die römische Armee – an die 30000 Mann – vernichtet, die Reiterei ergriff die Flucht, der Feldherr Varus tötete sich selbst. Rund ein Dutzend verschiedener Stämme, darunter vor allem die den Cheruskern gegenüber dem Rhein vorgelagerten Brukterer, Marser und Chatten, die in der Schlacht je einen Legionsadler erbeuteten, folgten oder mußten, wie auch die cheruskischen Arminiusgegner um Segestes, dem allgemein beschlossenen Kriegszug folgen. Die Schlacht selbst fand im Teutoburger Wald statt, wofür zwischen dem heute so genannten Höhenzug östlich der Quellen von Ems und Lippe und dem Harz mehr als dreißig Lokalisierungen angeboten werden.

Die Römer reagierten auf die Niederlage mit verschiedenen Maßnahmen, darunter mit der Entsendung des Tiberius an den Rhein, der nun eine wieder aus acht Legionen bestehende Rheinarmee kommandierte. In den folgenden Jahren unternahm Tiberius in Begleitung seines Neffen Germanicus, den er auf Befehl des Augustus adoptiert hatte, erste Strafexpeditionen gegen Brukterer und Marser, wobei er selbst in Lebensgefahr geriet und der unter ihm dienende Arminius-Bruder Flavus ein Auge verlor. Im Jahre 13 erhielt Germanicus an Stelle seines Onkels das selbständige Rhein-Kommando, um den *status quo ante* mit militärischen Mitteln wiederherzustellen. Der Tod des Augustus unterbrach die Kriegsvorbereitungen, nicht zuletzt wegen der in der Folge des Herrschaftswechsels auftretenden Meutereien unter den pannonischen und rheinischen Legionen.

In diese Zeit fiel die innercheruskische Auseinandersetzung, in der sich vor allem Arminius und Segestes aufs heftigste befehdeten. Geht man davon aus, daß Tacitus in seiner berühmten Segestes-Rede eine relative Chronologie beobachtete, dann dürfte der Anlaß für die Auseinandersetzungen der Raub Thusneldas gewesen sein. Es kam zum offenen Kampf; dabei gelang es Segestes sogar, seinen verhaßten Schwiegersohn festzunehmen, der jedoch bald von seinen Gefolgsleuten befreit wurde und nun seinerseits Segestes zum Gefangenen machte. Bald darauf vermochte sich Segestes zu befreien und sogar die von Arminius schwangere Tochter mit Gewalt in seinen Fürstensitz zu bringen, wo ihn Arminius kurz darauf seinerseits mit einer großen Gefolgschaft belagerte. Nun sandte Segestes seinen Sohn zu Germanicus, um dessen Hilfe zu erbitten. Der Feldzug im Frühjahr 15 führte zur Befreiung des Segestes, der mit Sohn und Tochter zu den Römern ging. Beide und den inzwischen geborenen Enkel Thumelicus sowie seinen Neffen Sigithank konnte Segestes von der Ehrenloge aus betrachten, als sie im Mai 17 im Triumphzug des Germanicus mitmarschieren mußten (Strabo I 7, 4). Thumelicus, der in Ravenna erzogen wurde, „hatte unter einem schmachvollen Spiel zu leiden" (Tac. Ann. I 58, 6), aber man erfährt nicht, was ihm geschah; alt ist er jedenfalls nicht geworden, noch sah er jemals seinen Vater oder die Heimat.

Die volle Konsequenz seines Verhaltens konnte Segestes selbstverständlich nicht voraussehen, zumal ihm Germanicus bei seinem Entsatz nicht nur einen linksrheinischen Wohnsitz, sondern auch Integrität und Sicherheit für sich, seine Kinder und Verwandten versprochen hatte. Aber die Begleitumstände seiner Unterwerfung und Selbstverbannung bedeuteten nicht bloß die Ausschaltung der romfreundlichen und friedensbereiten Gruppe. Vielmehr muß seine Vorgangsweise bei den meisten Cheruskern auch als „Neidingstat" gegolten haben. Sogar der alte Römerfreund Inguomerus, der Vaterbruder des Arminius, der offenkundig in der Varus-Schlacht noch abseits gestanden war, schloß sich nun den Romfeinden an und ließ sich neben Arminius als Heerführer gegen den zu erwartenden Großangriff der Römer wählen. Schon im ersten Kriegsjahr 15 setzte er seinen Willen gegen den besseren Rat des Arminius durch und griff den römischen Unterfeldherrn Caecina frontal an, wobei die Germanen große Verluste erlitten und Inguomer schwer verwundet wurde. Arminius hatte hingegen im Kriegsrat die Wiederholung der gegen Varus so erfolgreichen Taktik empfohlen, konnte aber dafür keine Mehrheit gewinnen. Man sieht daran, daß Onkel und Neffe gleichrangige Positionen einnahmen und daß jeder von ihnen nur mit Unterstützung anderer Großer seinen Willen durchzusetzen vermochte.

Caecina konnte sich mit seinen vier Legionen zwar angeschlagen, jedoch im wesentlichen unbehelligt an den Rhein zurückziehen. Aber ein Erfolg war das ebensowenig, wie Germanicus mit der anderen Hälfte der Armee einen entscheidenden Sieg errungen hätte. Er war über die friesische Küste die Ems aufwärts, von zahlreichen flachgebauten Transportschiffen begleitet, ins Landesinnere vorgestoßen. Erstes Ziel seines Unternehmens war ein Akt römischer Pietät: das Schlachtfeld vom Teutoburger Wald aufzusuchen, die Gebeine der dort erschlagenen römischen Soldaten zu sammeln und in einem Grabhügel zu bestatten. Darauf kam es zu einer Auseinandersetzung mit Arminius, die unentschieden ausging. Von der Ems aus sollte der Rückmarsch etappenweise wieder über den Wasserweg erfolgen, wobei aber große Verluste hingenommen werden mußten.

Arminius hatte durch die Abwehr der Römer und die erfolglose Kriegführung seines Konkurrenten Inguomer stark an Bedeutung gewonnen; er muß nun eine Art monarchischer Gewalt auf Zeit ausgeübt haben. Das darauf folgende Jahr 16 sollte jedoch alles bisher Geleistete auf eine harte Probe stellen: Germanicus hatte erkannt, daß die langen Anmarschwege vom Rhein bis zur Weser, wo erst das Kernland der Cherusker begann, so viel Substanz kosteten, daß eine Kriegführung mit durchschlagendem Erfolg kaum möglich war. Daher sollten alle acht Legionen und das gesamte Kriegsmaterial von der See her vornehmlich auf der Weser mitten in das Cheruskerland gebracht werden. Zunächst kamen die Römer gut voran und durchquerten das Land der Angrivarier, der nördlichen Nachbarn der Cherusker. In der Nähe der Porta Westfalica kam es auf einer Ebene, dem *campus Idistaviso*, zu einer Schlacht mit Arminius, bei der dieser verwundet und, wenn auch keineswegs entscheidend, geschlagen wurde. Mit den Angrivariern, die nun im Rücken der Römer den Aufstand probten, besetzten die Cherusker den Angrivarierwall, der ebenfalls dem Ansturm der Römer nicht standhalten konnte. Die erneut geschlagenen Germanen zogen sich darauf in die Wälder zurück und mieden jede weitere direkte Konfrontation. Abermals mußte Germanicus den Rückzug an den Rhein antreten, weit davon entfernt, das Gebiet bis zur Elbe befriedet oder gar als Provinz eingerichtet zu haben.

Weitere Kosten an Menschenleben und Material scheuend, berief Kaiser Tiberius seinen Neffen und Adoptivsohn ab und bewilligte ihm einen Triumph über die Cherusker und deren Bundesgenossen, den Germanicus am 25. Mai 17 in Rom feierlich beging. Damit hatte sich Arminius vom römischen, insbesondere taciteischen Standpunkt aus den Ehrentitel „ohne Zweifel Befreier Germaniens" (Tac. Ann. II 88) verdient. Diese Beurteilung, die auf der taciteischen Vorstellung von der Einheit Germaniens und seiner Bewohner beruht, ziert zwar heute das Hermann-Denkmal im Teutoburger Wald, hat jedoch kaum etwas mit der Tat und den Beweggründen des Cheruskerfürsten zu tun. Ihm ging es wohl eher um die unbestrittene Vorherrschaft in seinem Stamm und dem davon abhängigen Stammesbund, um die Errichtung des Königtums in Konkurrenz zu Marbod.

Im Jahre 17 griff Arminius den Markomannenkönig an der Spitze einer germanischen Koalition an und rückte die Elbe aufwärts gegen Böhmen vor. Es handelte sich dabei nicht um einen Stammeskrieg, da der Cherusker Inguomer mit seinen Leuten die Sache Marbods unterstützte. Die wohl noch außerhalb des heutigen Böhmen geschlagene Schlacht brachte keine unmittelbare Entscheidung; doch gab Marbod seine Stellungen auf und zog sich ins Innere seines Herrschaftsgebiets zurück, „geschützt durch den Hercynischen Wald", wie dies seine schon erprobte Taktik war. Diesmal aber sollte sich der König verrechnet haben. Keine ein bis zwei Jahre später verlor er aufgrund einer Intrige der Römer sein Königreich und mußte die alten Feinde um Asyl bitten. Der Arminius-Sieg über Marbod vertiefte die Gegensätze innerhalb der cheruskischen Oberschicht, wobei die Arminiusgegner – nicht zuletzt mit chattischer Unterstützung – ein offenkundig unmittelbar bevorstehendes Königtum ihres Verwandten mit allen Mitteln zu verhindern suchten. Sie hatten schließlich Erfolg; Arminius fiel „durch die Heimtücke seiner Verwandten" (Tac. Ann. II 88).

Alle diese Ereignisse und ihre Protagonisten hat die antike Überlieferung festgehalten; sie weiß jedoch nichts davon, daß es Heldengesänge über einen von ihnen außer Arminius gegeben hätte. Allein über Arminius wurde zumindest noch drei Generationen nach seinem Tod „bei den barbarischen Völkern gesungen".

Es ist, gelinde gesagt, germanistischer Überschwang, daraus ein oder das Siegfriedlied zu machen. Aber es ist bezeichnend, in welchen Zusammenhang Tacitus seine Mitteilung stellt: die Erinnerung an Arminius lebe bei den Germanenstämmen im Liede fort, sei aber den Griechen unbekannt, weil diese zu sehr der eigenen Nabelschau verpflichtet seien, und werde auch von den Römern vernachlässigt, weil sie zu wenig Zeitgeschichte betrieben. Sicher eine einseitige Bewertung, da etwa der Grieche Strabo als Augenzeuge des Germanicus-Triumphes sehr wohl über Arminius und seine Familie berichtet und Velleius Paterculus, einstiger Kriegskamerad des Arminius in Pannonien, ebenfalls viel über ihn zu erzählen weiß. Das gleiche muß von den heute verlorenen Büchern des Älteren Plinius über die Germanenkriege gegolten haben; ein Werk, das Tacitus vielfach verwendet hat. Darum bleibt aber die Antithese, positive mündliche Erinnerung an Arminius bei den Germanen, negativ beurteiltes Vergessen in der antiken Welt, aufschlußreich genug: Dieser Cheruskerfürst „hat das römische Volk nicht wie andere Könige und Heerführer in seinen schwachen Ursprüngen herausgefordert, sondern als dessen Reich den Höhepunkt seiner Macht erreicht hatte. In Schlachten war er nicht immer erfolgreich, im Kriege blieb er unbesiegt." (Tac. Ann. II 88). Typisch für Tacitus, der nicht müde wird, die Gefährlichkeit eines Arminius oder Marbod hervorzuheben und das Vergessen ihrer Taten, das heißt alle in der „Freiheit der Germanen" (Tac. Germ. 37, 3) angelegten Bedrohungen, geradezu für selbstmörderisch hält.

## Die römisch-germanischen Beziehungen vom Ende des Arminius bis zu den Markomannenkriegen

Die Beibehaltung der epischen Breite, mit der die Germanenkriege Roms bisher beschrieben wurden, ist im vorgegebenen Rahmen weder möglich noch nötig: Vieles von dem, was unser Thema ausmacht, ist in den behandelten Abschnitten beispielhaft für die Zukunft festgelegt worden. Die nassen Grenzen Rhein und Donau waren die Grenzen geworden, bis zu denen das Römerreich seine Provinzen ausdehnen und dauerhaft einrichten konnte. Daran änderten weder Raubzüge aus der noch Strafexpeditionen in die *Germania libera* etwas. Daran änderte nichts der, wenn auch höchst gefährliche Bataver-Aufstand der Jahre 69 und 70, als nach dem Ende der julisch-claudischen Dynastie der Nachfolgestreit alle Befehlsstrukturen so gründlich durcheinanderwirbelte, daß der aus königlicher Familie stammende Iulius Civilis die batavischen und anderen germanischen Hilfstruppen gegen die Legionen führen konnte. Obwohl rechtsrheinische Germanen die Chance nützten und sogar einige ostgallische Völkerschaften, darunter die Treverer (Trierer), sich dem Aufstand anschlossen, obwohl auf beiden Seiten mit äußerster Erbitterung gefochten und in großer Zahl gestorben wurde, obwohl Legionen aus Britannien und Spanien herbeigeholt werden mußten, erfolgte das Ende der Erhebung ebenso erstaunlich rasch wie ohne schwerere Konsequenzen für die für alle Schwierigkeiten hauptverantwortlichen Bataver.

Dieses Ergebnis stand im Gegensatz zur Rhetorik des Tacitus, der die innerrömischen Auseinandersetzungen zu einem Kampf gegen die Germanen umzudeuten suchte. Als der Autor zum ersten Mal diesen Gedanken aussprach, tat er dies in dem historischen Exkurs, den er dem Kimbern-Kapitel seiner Germania (c. 37) anfügte: Rund 210 Jahre – von der Schlacht bei Noreia 113 v. bis zur Abfassung der Germania im Jahre 98 n. Chr. – sei es nun her, daß man „Germanien" besiege, und zwar auf beiden Seiten unter schwersten Verlusten. Fünf konsularische Heere zur Zeit der Republik, das heißt zehn Legionen, und die drei Legionen des Varus seien dabei verlorengegangen. Dafür habe Marius die Germanen in Italien, Caesar in Gallien, Drusus, Tiberius und Germanicus in ihrer eigenen Heimat geschlagen. Zu übergehen seien die Drohgebärden des Caligula. Während des Bürgerkriegs von 69/70 hätten Germanen die Winterlager der Legionen erobert und sogar die gallischen Provinzen zu gewinnen versucht. Die Germanen seien aber wieder vertrieben worden; aber stets habe man mehr Triumphe über sie gefeiert als Siege errungen, und der letzte, entscheidende Erfolg sei Rom überhaupt versagt geblieben.

Eine Beobachtung des Prinzipatskritikers Tacitus, der vor allem die Herrscher der abgetretenen flavischen Dynastie angriff. Aber schon Vespasian hat unmittelbar nach dem Bataver-Aufstand eine entscheidende organisatorische Maßnahme ergriffen, die nachhaltige Wirkung zeigte. Die Auxiliareinheiten wurden nicht mehr ausnahmsweise, sondern regelmäßig fern ihrer Herkunftsländer eingesetzt – der Name der Donaustadt Passau-Castra Batava legt heute noch Zeugnis davon ab – und unter stammesfremde, in der Regel römisch-italische Kommandanten gestellt. Karrieren eines Arminius oder eines, ihm in einigem vergleichbaren Civilis waren daher in Zukunft nicht mehr möglich.

Ebenso unerwähnt bleibt bei Tacitus aber auch die Konsequenz des großen Chattenkrieges, den Kaiser Domitian im Jahre 83 von Mainz aus mit zahlreichen Elitetruppen und Auxiliareinheiten geführt hatte. Sein wichtigstes Ergebnis war die kaiserliche Entscheidung, die Reichsgrenze zwischen mittlerem

Rhein und oberer Donau in das freie Germanien vorzuverlegen. So entstand der Obergermanisch-Raetische Limes, der unter Domitian begonnen und unter den Adoptivkaisern voll ausgebaut wurde. Diese leichten Sperren, Wachttürme und kleinen Kastelle bildeten eine, etwa 550 Kilometer lange Polizeigrenze, die von Rheinbrohl bis oberhalb von Kelheim reichte, das heißt, vom heutigen Hessen über Baden-Württemberg ins bayrische Unterfranken führte. *Limes* bedeutet in erster Linie den Grenzweg oder die Verbindung zwischen zwei Grenzbefestigungen. Der militärische Wert dieser, ausschließlich von Auxiliareinheiten gehaltenen Befestigungen darf daher nicht überschätzt werden. Allerdings ging von diesen Stützpunkten und den städteartigen Siedlungen in deren Hinterland eine gewisse Romanisierung der *Agri Decumates*, wohl „zinspflichtige Ländereien", genannten Gebiete aus. Das ganze Limessystem und seine Straßen erheben sich mancherorts bis heute über dem Niveau und wurden im Mittelalter oft als grundherrschaftliche Grenzmarkierungen genutzt. Der erst im zweiten Jahrhundert abgeschlossene Raetische Limes bestand aus wesentlich massiverem Material; seine Hinterlassenschaft nennt der Volksmund die „Teufelsmauer".

Gleichzeitig mit dem Beginn des Limes-Baus wurden die beiden Provinzen Germania Superior mit der Hauptstadt Mogontiacum-Mainz und Germania Inferior mit der Hauptstadt Colonia Agrippinensis-Köln eingerichtet. Diese Maßnahme war durch eine geänderte Germanenpolitik möglich geworden; anstelle einer totalen Unterwerfung mit Vorverlegung der Reichsgrenzen bis zur Elbe wurde auch an Rhein und Donau die Errichtung von Klientel- und Föderatenstaaten intensiv gefördert. Die römische Reichsregierung schloß mit einem bestimmten Germanenvolk einen Vertrag, *foedus*, der de facto eine ständige Einmischung in die inneren Stammesangelegenheiten erlaubte, die Verfassung zugunsten der Errichtung von Königreichen änderte und bestimmte Leistungen, vor allem den Dienst in der römischen Armee, verlangte. Von diesen, wenn auch „ungleichen" Verträgen konnte die Führungsschicht der einzelnen Völker durchaus profitieren und zu römischem Geld kommen. Die so erlangte Kaufkraft bewirkte, daß sich ein Strom von römischen Waren und Produkten über das freie Germanien ergoß, daß Händler und Kaufleute nicht zuletzt das gute Leben der römischen Oberschicht mit ebenso hohem Risiko wie Gewinn vermittelten. Waren die Germanen zuerst in die Kriegsschule Roms gegangen, hatten militärisches Wissen, Kriegstechniken und vor allem die römische Wunderwaffe „Disziplin" kennengelernt, so nahmen sie nun Anleihen auf allen Gebieten des täglichen Lebens, nicht zuletzt im Bereich der Landwirtschaft.

Man wird sich allerdings davor hüten, das idyllische Bild nachzuzeichnen, das manche römische Lobredner ihren wieder einmal triumphierenden Kaisern entwarfen. Stammesgesellschaften leben aus dem Pathos des Heldentums, werden von „Ehre" und „Blutrache" bestimmt, der Krieg ist der Normalzustand, der Friede muß erst vertraglich festgelegt werden. Ein allgemeiner Friede ist daher auch innerhalb einer solchen Gesellschaft nicht möglich, geschweige denn nach außen zu erhalten. Dennoch – die militärischen Maßnahmen, die sich Rom am Ende des ersten und noch bis tief in das zweite Jahrhundert leisten konnte, sprechen eine deutliche Sprache: Die Rheinarmee des alten Militärbezirks wurde halbiert; in den beiden germanischen Provinzen standen ab nun je zwei Legionen. Zwischen Argentoratum-Straßburg und Vindobona-Wien gab es vom Chattenkrieg Domitians bis zu den Markomannenkriegen Mark Aurels kein einziges Legionslager.

## Die Markomannenkriege

„Ein blühendes Städtewesen, eine geordnete Verwaltung, eine hochgradig arbeitsteilige Wirtschaft, ein lebhafter Verkehr in dem gesamten Raum zwischen Nordsee und Rotem Meer, derartiges hatte die Alte Welt noch nicht erlebt. Die Städte standen unbefestigt im Lande, kaum ein Prozent der Reichsbevölkerung trug Waffen, das Militär lag an Rhein, Donau und Euphrat und sicherte die *pax Romana*." (Alexander Demandt). Diese Sätze gelten vor allem für das zweite nachchristliche Jahrhundert, das als Höhepunkt und Glanzzeit des ganzen Römerreiches und der antiken Zivilisation, vielleicht sogar der Weltgeschichte gilt. Die von den Kaisern Nerva (96–98) und Trajan (98–117) begründete Ordnung, wonach ein Imperator seinen Nachfolger durch Adoption bestimmte, schien die alte philosophische Forderung nach der Herrschaft des jeweils Besten für alle Zeiten verwirklicht zu haben.

Für diese saturierte und gesichert scheinende Welt, die Legionslager in Zivilstädte umwandelte, bedeutete der große Markomannenkrieg, der fast vierzehn Jahre lang tobte, einen gewaltigen Schock. In vier aufeinanderfolgenden Feldzügen kämpfte der Philosophenkaiser Mark Aurel (161–180) um den Bestand der mittleren Donaufront. Vom heutigen Franken bis tief nach Siebenbürgen hatten die Menschen diesseits wie jenseits der Reichsgrenzen nicht endenwollende Leiden zu ertragen. Verwüstet waren die Donauprovinzen Raetien, Norikum, Pannonien, Moesien und Dakien, aber auch der Norden Italiens. Schließlich hatte eine verheerende Seuche, eine „Pest", das Unheil bis zur Unerträglichkeit gesteigert. Das Römerreich schien in den Grundfesten erschüttert.

Der Ausbruch der verheerenden Kämpfe gegen Markomannen, Quaden und deren germanische Verbündete sowie gegen die sarmatischen Jazygen im Donau-Theiß-Zwischenstromland mußte die Römer umso mehr überraschen, als sie gerade diese Völker für wirtschaftlich am stärksten vom Römerreich abhängig und am weitesten romanisiert halten durften. Die römischen Importfunde in der Germania libera sind zahlreich, aber nicht gleichmäßig verteilt – ein Befund, der nicht nur am gegenwärtigen Forschungsstand der Archäologie liegen kann: auffallend ist jedenfalls, daß im Zentrum des böhmischen Raums, das heißt im Markomannenreich, und an March und Waag, also im Gebiet der Quaden, die Funde ganz besonders massiert auftreten. Seit eineinhalb Jahrhunderten hatte man mit den Markomannen und Quaden immer wieder Verträge geschlossen, ihnen Könige gegeben und den Frieden nicht zuletzt mit finanziellen Investitionen gesichert. Trotzdem gab es Krieg mit diesen Germanen, den „kriegerischesten und zahlreichsten der in Europa lebenden Barbaren", wie der griechische Reiseschriftsteller Pausanias als Zeitgenosse feststellte (VIII 43, 6).

Dabei konnte niemand dem Kaiser Sorglosigkeit vorwerfen, hatte er doch 165, das heißt im Jahr vor dem Ausbruch der offenen Kämpfe, unter der italischen Bevölkerung zwei neue Legionen (später Italica II und III genannt) ausheben lassen, um die Nordgrenze des Reichs zu sichern. Aber darüber hinaus hatte man offenkundig wenig oder gar keine Vorstellung von Völkerbewegungen und Stammesbildungen im Inneren Germaniens, von Prozessen, die auch die bisher friedlichen Hermunduren und Naristen, Markomannen und Quaden erfassen und die bestehende Ordnung von Grund auf verändern könnten. Schon am Beginn der Markomannenkriege 166/67 hatten mehrere tausend Langobarden die Donau überschritten und waren in Oberpannonien, wohl im Raum von Wien, eingefallen. Etwa seit Christi Geburt war bekannt, daß dieses Volk an der unteren Elbe wohnte. Man nahm auch durchaus zur Kenntnis, daß die Langobarden unter den angreifenden Germanen des Jahres 167 eine führende Rolle spielten. Niemand dachte jedoch daran, daraus irgendwelche Schlüsse zu ziehen. Kein Römer war bereit, die Frage zu stellen oder gar ihr nachzugehen, ob etwa innergermanische Bewegungen die Ursache für den Ausbruch der furchtbaren Kämpfe gewesen sein könnten und ob man sich nicht noch auf Schlimmeres gefaßt machen müßte. Allerdings war es kaiserliche Politik, die Entstehung von gentilen Vakua an den Reichsgrenzen zu verhindern, wie dies etwa Mark Aurel im Falle der geschlagenen und zum Abzug von der Donau bereiten Quaden tat. Aber als sich rund zwei Generationen später die Anzeichen mehrten, daß die „über Dakien sitzenden Barbaren" (Cassius Dio 72, 8, 1) unruhig geworden seien, blieb es bei dieser Feststellung, ohne daß die Reichsregierung irgendwelche Maßnahmen ergriffen hätte.

Tatsächlich war nicht mehr und nicht weniger geschehen als der Zug der Goten zum Schwarzen Meer. Durchaus möglich, daß einer oder vielleicht sogar der wichtigste Anlaß für die Markomannenkriege das Vorspiel zu dieser Veränderung gebildet hatte. Die Gutonen (Goten) gehörten der vandalisch-lugischen Völkergruppe an. Der Zerfall dieser Einheit muß spätestens in der ersten Hälfte des zweiten Jahrhunderts erfolgt sein, in dem sich die Gutonen von den Vandalen lösten und in südöstlicher Richtung zur Weichsel abwanderten. Das Auftreten der Langobarden an der Donau könnte daher auch damit zusammenhängen, daß vandalische Gruppen eine der gutonischen entgegengesetzte, nach Westen beziehungsweise Südwesten gerichtete Wanderbewegung unternahmen.

Aus Mangel an Interesse an derartigen innergermanischen Veränderungen gibt es für die meisten dieser Annahmen keine römischen Quellen. So blieb der Alten Welt aufgrund ihres Desinteresses nur das Reagieren auf die Herausforderung durch die Andere Welt, eine Politik, die Kaiser Mark Aurel und nicht zuletzt auch sein Sohn Commodus unter großen Opfern, aber mit ebenso großem Erfolg ergriffen. Als Mark Aurel am 17. März 180 wohl nahe der pannonischen Hauptstadt Sirmium starb, hatte er die germanisch-sarmatischen Völker so vernichtend geschlagen, daß sogar die Errichtung zweier neuer Provinzen verkündet wurde: eine Sarmatia und eine Marcomannia sollten nördlich der Donau an die trajanische Dacia anschließen. Damit wäre der gefährliche Völkertrichter des Donau-Theiß-Zwischenstromlandes beseitigt worden, während die Angliederung der heutigen Slowakei, Tschechiens und des nördlichen Niederösterreichs das bisher allzu schmale Vorfeld Italiens nach gallischem Vorbild beträchtlich erweitert hätte. Nach des Kaisers Tod blieben solche weitreichenden Pläne unausgeführt. Mark Aurels Sohn Commodus kehrte im wesentlichen zur augusteischen Defensivpolitik an Rhein und Donau zurück, und zwar wohl weniger aus Unfähigkeit und Bequemlichkeit als in richtiger Einschätzung der Kräfte des Römerreiches, mochte dieses auch im Augenblick mit Fug und Recht triumphiert haben.

## II. Die Germanen und ihre Herkunft

Caesar hat zwar den Namen der Germanen nicht erfunden noch sie aus eigener Anschauung als erster Römer gefunden, aber seine im gallischen Krieg gemachten Erfahrungen haben bei den Römern einer germanischen Ethnographie zum Durchbruch verholfen. Alsbald interessierte man sich für ihre Herkunftssagen, ihre „heiligen Ursprünge", ihre Götter. Wer diese nacherzählt und sich zugleich von ihnen als historische Wahrheiten distanziert, kann wenige Fehler begehen. Weit schwieriger, wenn überhaupt zu beantworten, ist die Frage, woher die Germanen „wirklich" kamen und wie sie entstanden sind. Bedenkt man den Streit der Gelehrten und Dilettanten, die ideologische Bürde und die rassistischen Verirrungen, die alle mit diesem Thema verbunden waren und sind, möchte man am liebsten darüber schweigen. Da es aber in diesem Buch darum geht, möglichst sicheres Wissen darzulegen und dieses im Fall der Herkunftsfrage ohnehin wenig genug ist, sei der Versuch dennoch unternommen.

Obwohl es keine völlige Gewißheit gibt, so hat doch die Annahme viel für sich, wonach die ersten Germanen um die Mitte des letzten vorchristlichen Jahrtausends in einem Raum faßbar werden, der mit der eisenzeitlichen Jastorf-Kultur archäologisch, aber auch mit Hilfe der Hydronomie philologisch umschrieben wird. Jastorf, Kreis Uelzen, liegt am Ostrand der Lüneburger Heide, knapp 40 Kilometer südlich von Lüneburg; der archäologische Fundort gab einer Kultur den Namen, deren Kerngebiet zunächst nur Osthannover, Schleswig-Holstein, Mecklenburg und die unmittelbar angrenzenden Gebiete umfaßte. Ungefähr im selben Raum dürfte jener sprachgeschichtlich bedeutsame Prozeß in Gang gekommen sein, den man die Germanische Lautverschiebung *(Grimm's Law)* nennt. Um nur zwei Beispiele zu geben: *p* in lat. *pater* wird zu *f* wie in engl. *father* oder *k* wie in lat. *kentum (centum)* wird zu *h* wie in dt. *hundert*. Durch die Verschiebung der gutturalen und labialen Konsonanten unterscheidet sich das Germanische von anderen indoeuropäischen Sprachen, wie dem Griechischen, Lateinischen, Sanskrit, Slawischen und Keltischen. Noch während sich dieser Prozeß vollzog, wurde ein Gebiet germanisch, das sich von der Rheinmündung im Westen bis zur Oder im Osten und von der Lößgrenze im Süden bis Mittelskandinavien erstreckte. Auch dürften Skiren und Bastarnen nach Südosteuropa aufgebrochen sein, bevor der germanische Lautwandel abgeschlossen war, den sie aber in ihrer dakisch-getisch-griechisch sprechenden Umgebung selbständig fortsetzten, weshalb sie sprachlich Germanen blieben.

Gerade die besten Fachleute warnen immer wieder vor der Gleichsetzung archäologischer und philologischer Befunde. Daher ist auch die Gleichsetzung der an sich sehr expansiven Jastorf-Kultur und ihrer Untergruppen mit den Grenzen des germanischen Sprachgebiets nicht zulässig. Aber so beachtlich auch die Forschungsergebnisse von Archäologie und Philologie sind, ihre Methoden erlauben keine Aussage über die historische Ursache der von ihnen beschriebenen Phänomene. Dazu zählt zweifellos die germanische Landnahme über weite Gebiete Mittel- und Nordeuropas vor der eigentlichen germanischen Völkerwanderung.

Ebenso wie die erstaunlich rasche Slawisierung halb Europas zwischen dem Ende des 5. und dem Anfang des 7. nachchristlichen Jahrhunderts kann man auch die germanische Ausbreitung mit geläufigen historischen Kategorien kaum beschreiben. Allerdings erkannte der Ethnograph Caesar, daß bei zahlreichen nordost- und ostgallischen Stämmen germanische Herkunft hohes Prestige besaß. Damit stimmt überein, daß es in den germanischen Ursprungsgebieten Völker gab, deren Vorrang sich auf besondere Altehrwürdigkeit stützte. Plinius der Ältere berichtet von den Inguaeonen, sie seien das erste Volk in der Germania gewesen (Nat. hist. IV 96). Und Caesar nennt die Semnonen als die ältesten und edelsten der suebischen Stammesgruppe, der nicht einmal „die unsterblichen Götter gewachsen sein können" (b. G. IV 7, 5). Kredit und Glaubwürdigkeit des auf hohem Alter beruhenden Vorrangs der Semnonen finden ihre Bestätigung durch besondere Kulthandlungen. Diese

Semnonen besäßen ein besonderes Charisma, aber auch ein großes Stammesgebiet, so daß sie sich für den Hauptstamm der Sueben hielten (Tac. Germ. 39: *Sueborum caput*). Eigenheit der suebischen Stammestracht, die von vielen Völkern bis hin zu den Bastarnen übernommen und gepflegt wurde, ist der kunstvoll geflochtene Sueben-Knoten, ebenfalls Ausdruck eines besonderen Prestiges, dessen auch ursprünglich stammesfremde Gruppen teilhaftig werden wollten. So könnte das Beispiel der suebischen Ausbreitung innerhalb Germaniens, die so weit führte, daß man Sueben und Germanen in caesarischer Zeit weitgehend miteinander identifizierte, auch eine Erklärung für die vorangegangene Germanisierung keltischer, venetischer und unbestimmbarer alteuropäischer Gruppen geben.

Eine bestimmte ethnische Besonderheit, ein gentiles Wir-Gefühl, drückt sich in der Distanzierung von anderen, von fremden Völkern aus. Für die Germanen waren die Süd-Westvölker die *Volcae*, deren Name bis heute den keltisch-romanischen Nachbarn als Welsh, Welschen, Walschen oder Walchen bezeichnet. Davon abgeleitet, entstand die unverändert aktuelle Benennung der Romanen als Vlahi, Vlasi, Walachen und Oláh bei Neugriechen, Slawen und Ungarn. Das östliche Gegenstück dazu boten die von der Ostsee bis zur Adria siedelnden Veneter, deren Name – ebenfalls bis heute – als Bezeichnung der slawisch-baltischen Völker als Wenden, Winden, Windische fortlebt. Die Skandinavier besaßen schließlich noch nördliche Nachbarn, das fremdartige, schamanistischen Zauber treibende Volk der Finnen.

Besonderes Prestige bewirkte, wie Tacitus in seinem Semnonen-Kapitel (Germ. 39) betonte, hohes, durch besonderen Kult stets erneuertes Lebensalter eines Stammes. Altehrwürdige, selbstverständlich von Göttern gestiftete Ursprünge und der Kult der Götter, *origo et religio*, bilden die Lebensmitte einer gentilen Einheit. Je älter die Ursprünge und je besser die Götter, desto besser, das heißt angesehener ist ein Volk. Die Semnonen verwalteten die suebischen „Ursprünge der Stammesgruppe, *initia gentis*, wo zugleich der oberste allmächtige Gott, *regnator omnium deus*, waltet. Diejenigen Völker, die sich derselben Abstammungsgemeinschaft zugehörig fühlten, *eiusdem sanguinis populi*, schickten zu festgesetzten Zeiten ihre Gesandten, die an den Kulthandlungen teilnahmen." Daß die Beobachtungen des Tacitus (Germ. 39) noch lange nach ihm Aktualität besaßen, bestätigt die Tatsache, daß die von Mark Aurel geschlagenen suebischen Quaden ihr ostmährisch-slowakisches Siedlungsgebiet aufgeben und zu den zwischen Elbe und Havel siedelnden Semnonen auswandern wollten, was der Kaiser jedoch angeblich verhindern konnte (Cassius Dio 71, 20, 2).

Obwohl oder gerade weil das Leben eines Stammes ständigen Veränderungen unterworfen ist, besitzt hohes Alter besonderes Prestige. Von den Anfängen der antiken Ethnographie – schon Herodot fragte an erster Stelle nach dem Alter eines Ethnos – bis zum modernen Nationalismus entscheidet das Alter eines Volkes über dessen Rangordnung bis hin zur Untermauerung von territorialen Besitzansprüchen. „Was den Nationalismus aber... vom ethnischen Bewußtsein unterscheidet, ist sein in die Zukunft gerichtetes Sendungsbewußtsein, das zu Aggressivität und Imperialismus führen kann. Während Stolz auf mythische Ahnen und alten Ruhm nur das Bewußtsein der Vorzugsstellung des eigenen Ethnos begründen soll, zieht der Nationalismus daraus Folgerungen für das Handeln des einzelnen, die dem ursprünglichen ethnischen Denken fremd waren. Das Sendungsbewußtsein des Nationalismus ist ohne universalistische Strömungen, die aus Christentum und antiker Philosophie in das ethnische Denken hineinwirkten, nicht zu verstehen. Ohne die Konzeption einer allgemeinen ‚Menschheit‘, die Objekt dieses Sendungsbewußtseins ist und die dem ethnischen Bewußtsein fehlt, ist der Nationalismus undenkbar. Das ethnische Bewußtsein an sich hat keine missionarische Tendenz, es sucht nur die eigene Vorzugsstellung zu erhalten und zu legitimieren." (Reinhard Wenskus S. 82).

Die Kultverbände werden in den wichtigsten antiken Quellen als Abstammungsgemeinschaften, *genera*, bezeichnet (Plinius Nat. hist. IV 99, Tac. Germ. 2). Dieser Sprachgebrauch steht im Widerspruch zu ihrem Verständnis als Zusammenschluß selbständiger Einheiten zu gemeinsamem Kult, etwa den griechischen Amphiktyonien vergleichbar. Der Widerspruch läßt sich dahingehend auflösen, daß ethnische Traditionen stets langlebiger sind als die sie primär tragenden politischen Einheiten. So dürfte die Erinnerung an manche vorgermanische Kultverbände (Ingaevonen und Lugier) in germanischer Zeit fortgelebt und wegen ihres hohen Alters ein gewisses Zusammengehörigkeitsgefühl der Germanen bewirkt haben. In diesem Sinne ist wohl der wichtigste germanische Ursprungsmythos zu deuten.

## Ein Ursprungsmythos

Im zweiten Abschnitt des zweiten Kapitels seiner Germania berichtet Tacitus: In ihren alten Liedern, der einzigen ihnen bekannten Form geschichtlicher Überlieferung, feiern die Germanen den der Erde entsprossenen Gott Tuisto, den „Zwitter", dessen Sohn Mannus als „Ursprung und Gründer des Volkes" gilt. Mannus, soviel wie Erster Mensch, hat drei Söhne, von denen sich die Völker der Ingaevonen, Herminonen und Istaevonen herleiten. Allerdings gebe es auch außerhalb des ehrwürdigen Dreier-Stammbaums „echte und alte Volksnamen", die sich gleichfalls göttlichen Ursprungs rühmen, darunter selbstverständlich die Sueben, dann die das Tamfana-Heiligtum hütenden Marser sowie die Vandilen (Vandalen). Damit verrät Tacitus Kenntnis einander konkurrierender Anschauungen, die er jedoch nicht unverändert wiedergibt. So weiß sein Vorgänger Plinius der Ältere von insgesamt fünf germanischen Genealogien, und zwar neben den drei später auch bei Tacitus genannten Stammbäumen und dem der Vandilen auch den der keltisch-germanischen Gruppe der Bastarnen, die an der unteren Donau und am Schwarzen Meer siedelten.

Der Streit um die Bedeutung dieser Genealogien ist heute heftiger denn je. Als einigermaßen gesichertes Wissen kann bloß gelten, daß sich diese alten Kultverbände zu den Zeiten, da die Römer ins Innere Germaniens vordrangen, wenn nicht schon in Auflösung, so doch in einem Zustand starker Veränderung befunden hatten.

Um ein Beispiel zu nennen: Plinius der Ältere wie Tacitus nennen die Gutonen, die Vorfahren der Goten, als Bewohner des östlichen Germaniens. Während sie Tacitus zu den Sueben zählt, sind sie für Plinius den Älteren eine Untergruppe der Vandilen gewesen. Sowohl die, obgleich viel später aufgeschriebene gotische Herkunftssage wie die noch weit jüngere der elbgermanischen Langobarden, die im ersten nachchristlichen Jahrhundert ebenfalls als Sueben gelten, kennen als erste entscheidende, identitätsstiftende Tat ihres Volkes die Besiegung der Vandalen. In derartigen Geschichten lebt die Erinnerung fort, daß das eigene Volk einmal eine abhängige Untergruppe größerer Stammes- und Kultverbände war, von denen es sich mit Gewalt löste und damit deren Zerfall und Untergang bewirkte oder beschleunigte. Solche Vorgänge werden nicht selten mit Namen von Göttern und mythischen Ereignissen verbunden; sie können daher nicht Gegenstand historischen Wissens sein, so wichtig sie auch als Beweggründe historischen Handelns gewesen sein mögen.

## Götter

Wenn es kein Spiel der Überlieferung ist und man daher der relativen zeitlichen Abfolge vertrauen kann, sind es zunächst die *gentes* im Sinne von Völkern, Stämmen und Stammesgruppen gewesen, deren Ursprünge göttlich sind, die sich mit Göttern vergleichen und deren Scheitern selbst von ihren Nachbarn als Schock empfunden wird, weil die ihnen für garantiert gehaltene göttliche Hilfe ausgeblieben ist. So sind die Nachkommen des Gottes Mannus keine Einzelpersonen, sondern drei Völker, mit denen andere „wahre und alte Namen (Stämme oder Stammesgruppen)", wie Sueben, Marser und Vandilen (Vandalen), mit ähnlichen Ursprungsmythen konkurrieren. Dagegen trauerte man über den Untergang Ariovists und sang von den Taten und vom Ende des Arminius, ohne daß es irgendwelche Anzeichen gäbe, daß sie vergöttlicht worden wären (vgl. Tac. Germ. 8). Auch in der eigentlichen Völkerwanderungszeit gab es keine Germanenfürsten, die Gegenstand einer, dem antik-orientalischen Herrscherkult vergleichbaren Verehrung gewesen wären.

Allerdings gelang es den erfolgreichsten Königssippen, die göttliche Herkunft ihres Volkes auf sich zu übertragen, ja zu monopolisieren.

Aus den hasdingischen Vandalen ging das Königsgeschlecht der Hasdingen, der „Langhaarigen", hervor, deren altertümliche Traditionen und Institutionen wohl bis in die lugisch-vandilische Zeit zurückreichen. So sind ihre ältesten bekannten Könige dioskurische Paare gewesen, deren Namen Ambri und Assi oder Raus und Rapt lauten und soviel wie Erle und Esche oder Balken und Rohr bedeuten. Dieser Sachverhalt läßt sich gut mit dem Namen der gotischen Amaler vergleichen, die ihrerseits als A(n)sen gelten, was ebenfalls einen Balken oder Baum meint, aus dem man Pfahlgötzen macht. Und in der Tat sind solche hölzernen, bisweilen überlebensgroßen Götterdarstellungen erhalten geblieben.

Der Stammbaum der Amaler beginnt mit Gaut, dem göttlichen Stammvater der skandinavischen Gauten; und wenn es den angelsächsischen Genealogen nicht genügte, ihre Königsgeschlechter von Wodan herzuleiten, dann führten sie die Ursprünge ihrer Königssippen bis auf jenen Gautengott zurück. Die Königsfamilie der Svear hießen Ynglingar; sie waren die Nachkommen von Yngvi-Freyr: jeder neue König galt als Wiedergeburt dieses Gottes. Wahrscheinlich steht diese Überzeugung auch hinter der überlieferten Akklamation der siegreichen Amaler durch die Goten als A(n)sen; der Erfolg über einen übermächtigen Feind offenbarte die „keineswegs rein menschlichen" Ursprünge der Königssippe. Aber auch das zweite Königsgeschlecht, die den Westgoten vorstehenden Balthen, stammten wie die Amaler von „Halbgöttern und Heroen" (vgl. Jordanes, Getica 78 f., mit Merobaudes, Carmina IV vv. 16 ff.). In dieser abgeschwächten Form konnte selbst die christliche Interpretation altehrwürdige Traditionen erhalten, ohne den heidnischen Polytheismus zu übernehmen. So sollte der von einem Stiergott abstammende salische Merowinger Chlodwig nach Ansicht eines gallischen Bischofs auf die Göttlichkeit, nicht aber auf die hervorgehobene adelige Qualität seiner Vorfahren verzichten.

Von Caesar bis ins Hochmittelalter wird aktuell über germanische Götter berichtet, weshalb man zwischen den Nachrichten der antiken und völkerwanderungszeitlichen Autoren und denen der skandinavischen Systematiker unterscheiden muß. Odin, Frigg und Baldr, Freyr und Freya, Thor und Loki und wie sie alle heißen, die nach dem großen Vanenkrieg mehr oder weniger friedlich vereint in Walhalla wohnen oder zur Festspielzeit sich unter Wagner-Klängen in Bayreuth zeigen, sind zwar für das Verständnis des kontinentalen germanischen Heidentums bloß von beschränktem Wert. Aber die Vorstellung von der Zweiteilung des germanischen Pantheons, die der skandinavische Norden als Kampf zwischen Asen und Vanen mit anschließender Versöhnung überliefert, ist wohl schon auf dem Kontinent gültig gewesen.

Demnach gab es die älteren, seßhaften Vanen, die Fruchtbarkeit spendeten, die Geschwisterehe und deutlich mutterrechtliche Lebensformen kannten, aber auch helfende Zwillingsgötter zu den Ihren zählten, und die jüngeren, kriegerischen Asen, die vanische Gebräuche ablehnten und an deren Spitze der männerrechtlich orientierte Gefolgschaftsgott Odin-Wodan stand. Allerdings war Wodan ein verhältnismäßig junger Gott, der erst spät als Odin den Norden eroberte. Die Amaler verehrten seinen Vorgänger Gaut und wurden erst im Laufe ihrer Geschichte zu Asen. Die schwedischen Ynglingar verstanden sich als Nachkommen des Vanengottes Yngvi-Freyr. Bevor die Langobarden Wodans Anhänger wurden, hießen sie Vinniler und waren der vanischen Göttin Frea-Freya, der Schwester von Yngvi-Freyr, zugeordnet.

Alle diese Geschichten wurden spät aufgezeichnet; man erkennt an ihnen eine relative Chronologie, eine Abfolge von Phänomenen und Prozessen; sie liefern aber keine Nachrichten über punktuelle Ereignisse und ihre Protagonisten. Es gibt hier nur ein Einst, Vorher und Nachher, aber keine datierbare und räumlich festgelegte Historizität. Dagegen beschreiben Caesar, Plinius der Ältere, Tacitus und andere antike Autoren die Religion der ihnen zeitgenössischen oder zumindest zeitnahen Germanen. Selbstverständlich bestimmt ihr Interesse ihre Fähigkeit zur Beobachtung und Interpretation: Caesar wollte die Germanen als möglichst primitive und wenig entwicklungsfähige Wilde darstellen, weshalb er ihnen nur eine animistische Naturreligion zubilligte, die außer Sonne, Mond und dem Feuer keine Götter und organisierte Gottesverehrung kannte. Dafür stellt Tacitus seiner *interpretatio Romana* entsprechend Göttergleichungen auf, die mit geringfügigen Varianten – Jupiter statt Herkules – in den Namen von vier der sieben Wochentage bis heute, wenn auch selten bewußte Aktualität besitzen: Mardi-Tuesday, Mercredi-Wednesday, Jeudi-Thursday, Vendredi-Friday. Diese Namenpaare bestätigen die Gleichsetzung von Mars mit dem ursprünglichen obersten und späteren Kriegsgott Tiu, von dem Seelenführer Merkur mit Wodan, der Tiu von seinem ersten Platz verdrängt hat, von Jupiter mit Donar (Thor) und von Venus mit Freya. Nicht unmöglich, daß letztere hinter dem Isis-Kult steht, den Tacitus den Sueben zuschreibt, was ihre Bedeutung für die ebenfalls ursprünglich suebischen Langobarden erklären würde.

Noch im altsächsischen Taufgelöbnis wird den drei Hauptgöttern Thuner, Woden und – anstelle von Tiu – Saxnot abgeschworen; bei den Svear zu Uppsala nimmt die dritte Stelle – fast möchte man sagen erwartungsgemäß – Freyr ein. Eine Göttin der Erde namens Nerthus kennt Tacitus bezeichnenderweise bei den Ingaevonen, in deren skandinavischem Umfeld der männliche Gott Njörd als Vater der Geschwister Freyr und Freya eine Rolle spielt. Ob nun Nerthus mit Njörd eine ähnliche Verbindung eingegangen ist oder nicht, nach allem, was Tacitus über sie berichtet, ist sie dem vanischen Götterkreis zuzuordnen. Ebenfalls dazu gehören die Alcis, die als göttliche Helfer und Brüder von den Oststämmen verehrt werden und die Tacitus mit den antiken Dioskuren Castor und Pollux gleichsetzt.

Entgegen dem Wort Caesars berichten die Quellen von Priestern, von Priestern in Frauenkleidern und vor allem von Priesterinnen, die sich nicht zuletzt als Seherinnen und Weissagerinnen hervortun. Eine von ihnen kam zur Zeit des Domitian mit einem Semnonenkönig nach Rom. Den Namen einer ebenfalls

semnonischen „Sibylle" namens Walburg überliefert eine In-
schrift des 2. Jahrhunderts von der ägyptischen Elephantine.
Als Drusus die Elbe überschreiten wollte, schreckte er durch
das Erscheinen einer übermenschlich großen Frau, wohl einer
Semnonin, davor zurück. Es entspricht dem Alter der semnonischen Überlieferung, daß hier Frauen besonderen Rang besitzen. Aber auch die Brukterin Veleda (Seherin) besaß solches
Prestige, daß sie zusammen mit Civilis bei einem Vertragsabschluß zwischen verfeindeten Stämmen als Schiedsrichterin an-
gerufen wurde. Sie hauste in einem Turm und hielt durch Verwandte mit der Umwelt Verbindung. Dieser Ort muß in der
Nähe der Lippe gelegen sein, weil ihr auf diesem Fluß die siegreichen Civilis-Leute das erbeutete römische Admiralsschiff als
Geschenk zuführten. Veleda dürfte allerdings ihr Leben in römischer Gefangenschaft beendet haben. Sie besaß eine zeitge-
nössische „Kollegin" in jener Chattin, die Vitellius bei sich hatte und derer er sich als Orakel bediente.

Angesichts all dieser Überlieferungen wirkt die „Fabel" des
langobardischen Geschichtsschreibers Paulus Diaconus (gest.
um 799) nicht mehr so absurd, wie er selbst und viele seiner
gelehrten Nachfahren zu glauben meinen (Historia Langobar-
dorum I 7–10): Vor einer alles entscheidenden Schlacht orakelt
der oberste Asengott Wodan, die beiden vandalischen Heerführer, die die vinnilischen Auswanderer aufzuhalten suchen, wür-
den siegen. Die vinnilische Priesterin gewinnt dagegen die Hilfe
ihrer vanischen Göttin Freya, die ihren asischen Gemahl Wodan zur paradoxen, antivandalischen Erfüllung des Orakels
bringt. Einer der vielen Wodansnamen war „Langbart". Unter
Führung der weisen Mutter überlisten die vinnilischen Frauen
und ihre vanische Göttin den Schlachtengott, so daß er ihre
bedrängte Stammesgruppe unwillkürlich nach sich selbst als
Langbärte-Langobarden benennt und den also „getauften"
Langobarden als Namengebungs-Geschenk den Sieg geben
muß. Es sind hier die vinnilischen Frauen, die Göttin Freya und
ihre Priesterinnen, die einen Kult- und Namenwechsel nicht
bloß vorbereiten, sondern nachdrücklich betreiben und damit
den Sieg für ihre Männer erringen. Als Vertreterinnen der vani-

schen Tradition opfern sie ihre eigene Vergangenheit und kultische Existenz zum Wohl des Stammes und legitimieren so die neue Ethnogenese. Kein Wunder, daß die langobardische Ursprungssage ihren ersten monarchischen König zum Sohn des zweiten vinnilischen Dioskuren und Heerführers machte, aber auch bis weit in historische Zeit rechtskonstitutiv blieb.

## Könige

Als Caesar die Eroberung Galliens bis zum Rhein ausdehnte und diesen sogar überschritt, traf er allerorten auf ein sonderbares verfassungsgeschichtliches Paradoxon, das die moderne Forschung als „Gallisch-Westgermanische Revolution" bezeichnet hat. Darunter ist die Tatsache zu verstehen, daß gerade die am fortschrittlichsten und besten organisierten Völker diesseits wie jenseits des Rheins um 50 v. Chr. zwar noch Königsfamilien, aber keine Könige mehr kannten. Sie wurden dafür von einer Mehrheit von, oft miteinander verwandten, Fürsten beherrscht, die einander nicht selten aufs heftigste befehdeten. Im Unterschied zu den Oligarchien im Zentrum hielt sich ein altes Königtum an den Rändern der keltisch-germanischen Welt, auf den Britischen Inseln, in Skandinavien, bei den Ostgermanen und in den Ostalpen. Zunächst zählte es zu den Maximen der römischen Politik, diejenigen oligarchischen Kräfte zu stützen, die eine Wiederherstellung des Königtums zu verhindern suchten. Nicht wenige Angehörige der alten Königsfamilien gingen zugrunde, weil man sie verdächtigte, wieder Könige werden zu wollen. Arminius wurde sogar von den eigenen Verwandten unter diesem Vorwand beseitigt, und er blieb nicht der einzige. Später unterstützten die Römer die Bildung von Königreichen, wenn sie die Barbarenfürsten selbst auswählen und einsetzen konnten; so wurden ein Arminius-Neffe und wohl auch noch sein Großneffe für einige Jahre Cheruskerkönige. Mit dem alten Königtum hatte deren Herrschaft freilich nur mehr wenig zu tun. Jenes alte, vor-wanderungszeitliche Königtum wirkt sehr archaisch; seine Repräsentanten besitzen eine hohe sakrale Verantwortung und sind für einen ethnisch verhältnismäßig einheitlichen, einen „Kleinen Raum" zuständig.

Die Beobachtung kann sich auf die ältesten Würdenamen stützen, die in verschiedenen Sprachen auf gleiche Weise gebildet werden und die gleiche Bedeutung besitzen. Das alte Königtum wurde jedoch nicht nur von den fürstlichen Oligarchien verdrängt und durch die römische Königspolitik ersetzt, sondern erhielt seinen schärfsten Konkurrenten durch die zum Königtum drängenden und durch Erfolge dazu befähigten Heerführer. In diesem Sinne ist Tacitus (Germ. 7) zu verstehen, wonach die Germanen „die Könige, *reges*, aufgrund ihres Adels, *ex nobilitate*, die Heerführer, *duces*, wegen ihrer Tüchtigkeit, *ex virtute*, nehmen (das heißt wählen)".

War der „König aufgrund seines Adels" der Nachkomme von göttlich-königlichen Vorfahren und damit Repräsentant einer ethnisch weitgehend einheitlichen und kleinräumigen, wenn nicht isolierten Gesellschaft, so mußte sich der „Heerführer aus Tüchtigkeit", *reiks* (sprich: rix) oder *kuning*, seinen Aufstieg zum Königtum als Anführer eines siegreichen polyethnischen Heeres erkämpfen. Dieser jüngere Königstyp konnte königlicher wie nichtköniglicher Herkunft sein. Er wurde vom Heer, das heißt von Völkern auf der Wanderschaft, wegen eines entscheidenden Sieges und der Gewinnung neuen Landes „genommen". Eine heroische Leistung, eine primordiale Tat, aus der eine bestimmte Gruppe ihre Identität ableitete, hatte die Eignung des Heerführers zum König erwiesen. War der alte Volkskönig der Nachfolger von Königen, die ein Volk seit „undenklichen Zeiten" regiert hatten, so war der König des siegreichen Heeres ein Gründerkönig, mit dem sowohl eine neue Königsfamilie wie ein neues Volk begannen.

Der Hunnensturm beschleunigte die Wanderungen der Germanen und löste ihre Reichgründungen auf römischem Boden aus. Die Abfolge Volkskönigtum – Heerkönigtum wurde unumkehrbar und endgültig zugunsten der jüngeren Königsform entschieden. Dies bewirkte die Entstehung eines neuen Großkönigtums, das weder das gotische noch burgundische noch ein anderes altes Königtum erneuerte. Der Westgote Alarich, der Vandale Geiserich oder der Ostgote Theoderich setzten die Monarchie des Reiks ebenso durch, wie der Kuning Chlodwig der fränkische Alleinkönig wurde und manche angelsächsische Könige ähnliches zu erreichen suchten. Auf Dauer konnte sich allerdings der östliche Reiks gegen den westgermanischen Kuning nirgends durchsetzen. Bei den Nordgermanen gab es noch eine schwache Erinnerung daran, daß die von den Kelten geborgte Königsbezeichnung älter als der Kuning – König war. Generationen später systematisierte ein gelehrter skandinavischer Dichter das Wissen dahin, daß der eigentliche Vater des ersten Königs ein Gott mit dem bezeichnenden Namen Rigr (Reiks) gewesen sei.

Selbstverständlich bereiteten die beiden Königstypen keineswegs einen germanischen „Sonderweg" vor. Sie treten zumindest im gesamten euroasiatischen Bereich auf, wenn es sich dabei nicht überhaupt um die Form einer gemeinmenschlichen Verfassung handelt, die – erstmals historisch faßbare – großräumigere, aus vielen Völkern bestehende Staatsbildungen ermöglicht.

In jedem Fall aber sind Stammesbildungen keine Angelegenheit des „Blutes", mögen die taciteischen Sueben dies auch behauptet oder die Angelsachsen von den kontinentalen Altsachsen gesagt haben: „Aus dem gleichen Bein und Blut sind wir" (Bonifatius, Epistulae n. 46). Stammesbildungen sind verfassungsgeschichtliche Ereignisse, und diese führen, sofern ungehindert, überall in der germanischen Welt zur Ausbildung des monarchischen Großkönigtums, dem die Zukunft gehörte.

### Herrschaft und Sippe, Gefolgschaft und Heer

Mit keinem Begriffspaar beschäftigte sich die wissenschaftliche Diskussion intensiver und kontroverser, mit keinem trieben ideologisches Engagement und blutiger Dilettantismus größeres Schindluder als mit „Herrschaft und Gefolgschaft". Ähnliches gilt von der Sippe, weniger vom Stammesheer. Nach Ausweis unserer Quellen von Caesar bis zur wulfilanischen Bibelübersetzung, in der eine große Zahl von politisch relevanten Begriffen in der Volkssprache überliefert wird, aber auch in den frühmittelalterlichen Texten des Kontinents wie Skandinaviens und der Britischen Inseln ist von Herrschaft und Gefolgschaft die Rede, mögen auch die dabei verwendetetn Begriffe heute erklärungsbedürftig sein.

Ob nun ein Königtum oder eine oligarchische Verfassung herrscht, in jedem Fall ist von einer Oberschicht die Rede, die Herrschaft ausübt, das heißt, sie hat „legitimen Anspruch auf fremdes Tun" (Heinrich Mitteis). Dieser Herrschaftsanspruch beruht auf größerem Besitz und erstreckt sich sowohl über Unfreie wie Freie geringerer ökonomischer Stärke. Herrschaft ist zunächst einmal Hausherrschaft, das heißt Befehlsgewalt über – modern gesprochen – die eigene Familie und abhängige Menschen. Die Herrschaft stützt sich auf eine Gruppe vom täglichen Broterwerb freigestellter Personen, die als trainierte Krieger jederzeit nach innen und außen als „Erfüllungsstab" einsetzbar sind. Als Arminius seinen Schwiegervater Segestes belagerte, um seine Frau Thusnelda zu befreien, kämpften zwei Gefolgschaften beachtlicher Größe miteinander um das offenkundig stark befestigte Haus des Segestes. Als Arminius den Markomannenkönig angriff, führte er ein polyethnisches Gefolgschaftsheer gegen die ähnlich strukturierten Kriegerscharen Marbods, denen sich auch der Arminius-Onkel und Cheruskerfürst Inguomer mit seiner Gefolgschaft angeschlossen hatte.

Wenn Caesar oder Tacitus systematisch über die germanische Gefolgschaft sprechen, dann stellen ihre Berichte keine bloßen Abstraktionen dar, sondern haben ihren Sitz im Leben: im Leben einer archaischen Gesellschaft selbstverständlich, wie die Vergleiche der germanischen mit nichtgermanischen, vor allem keltischen und iberischen Einrichtungen zeigen. Ja, noch die wulfilanische Bibelübersetzung enthält zahlreiche Begriffe des Gefolgschaftswesens, die eindeutig keltische Herkunft verraten. Dies gilt unter Einschluß des Gefolgschaftseides, der die Bindung, die Treueverpflichtung, zwischen Gefolgsherrn und Gefolgsmann regelt: „Die Gefolgsherren kämpfen für den Sieg, die Gefolgsleute aber für ihren Gefolgsherrn." (Tac. Germ. 14, 1).

Dazu zählt, daß der Gefolgsherr im Streit vorangeht, aber auch daß die Gefolgsleute ihn nicht überleben. Nach Snorri Sturluson hat Olaf der Heilige vor der Schlacht bei Stiklastadir, wo er und viele seiner Leute 1030 den Tod fanden, das Bjarki-Lied anstimmen lassen, in dem genau diese Verpflichtung des Gefolgsmannes besungen und gepriesen wird.

Die ökonomische Belastung, die eine Gefolgschaft bedeutete, muß beachtlich gewesen sein. Bei dem geringen Überschuß, den die wenig leistungsfähige Wirtschaft (= Landwirtschaft) hervorbrachte, war ihr Erhalt nur den besitzmächtigen Großen möglich. Allerdings bildete bloße Macht keineswegs das alleinige Regulativ innerhalb einer archaischen Gesellschaft wie der der Germanen. Bezeichnet man diese Oberschicht mit aller gebotenen Vorsicht als Adel, dann wird das Gemeinte deutlicher: adelig ist zwar grammatikalisch ein Positiv, semantisch jedoch nur komparativ wirksam. Oder mit anderen Worten: ein Adeliger besitzt anderen gegenüber Vorrang oder Nachrang; er hat seinen Platz innerhalb einer Rangordnung, den er behaupten, ja verbessern muß, will er nicht seine Stellung gefährden und verlieren. Entsprechend diesem agonalen Pathos kann bereits der junge Mann Gefolgsherr sein; das Alter – und diese Auffassung scheint wirklich „typisch" germanisch gewesen zu sein – entscheidet kaum über die Rangordnung. Vielmehr tun dies die Ahnen bis hin zu den göttlichen Gründervätern, das persönliche Charisma und der „Kredit", der dem Gefolgsherrn daraus erwächst. Allerdings, ohne alle materiellen Voraussetzungen und vor allem ohne kriegerischen Erfolg sind Kredit und Kapital sehr schnell verspielt.

Solange die Römer und ihre byzantinischen Nachfolger mit Barbaren, insbesondere mit den „blonden Völkern" zu tun hatten, interessierte sie vor allem deren Kriegführung. Man trachtete so schnell wie möglich herauszufinden, wo die Stärken und Schwächen der Germanen lagen, wie sie zu bekämpfen waren und wie man sie am besten als Hilfsvölker der römischen Armee einsetzen konnte. Schon Ariovist bot Caesar für die Überlassung Galliens seine Kriegsdienste an, und diese Unterredung fand zu Pferde statt. Der germanische Reiter war zwar nicht der

Standardkämpfer, aber der für den römischen Betrachter wichtigste Kriegertyp. Die germanischen Reiter auf ihren kleinen struppigen Pferden kämpften in gemischter Formation zusammen mit ausgesuchten jungen Kriegern zu Fuß, die sich an den Mähnen der Pferde festhielten: Ariovist habe 6000 Reiter und ebensoviele Hilfskrieger zu Fuß einsetzen können, die in rasendem Lauf vorpreschten, zahlreiche Speere, Framen, warfen, sich dann sogleich zurückzogen und zu neuem Angriff formierten (Caes. bell. Gall. I 48, 5–7). Die Bataver besaßen die Fähigkeit, in voller Rüstung mit ihren Pferden größere Gewässer, wie Po und Donau, zu durchschwimmen (Tac. Hist. II 17; Cassius Dio 69, 9, 6). Schwerter und größere Lanzen seien, so hört man, wegen des Eisenmangels selten, ebenso Panzer und Helme (Tac. Germ. 6). Als einzige Schutzwaffe trügen die meisten nur einen farbenprächtig bemalten Schild. Diesen allerdings zu verlieren, bedeute die höchste Entehrung; der Betreffende dürfe weder an religiösen Handlungen noch an der Stammesversammlung teilnehmen und beende seine Schande nicht selten selbst durch den Strick (Tac. Germ. 6).

Kampf und Krieg sind Situationen, in denen göttliche Hilfe besonders gefragt ist und daher kultische Praktiken angewandt werden. So wird auch von den östlichen Hariern berichtet, sie malten ihre Schilde und ihre Oberkörper schwarz an und wählten wie ein Gespensterheer (= Wilde Jagd?) die finstere Nacht zum Kampf (Tac. Germ. 6 und 43, 4).

Wie bei den meisten Barbaren, so war auch die germanische Schlachtordnung ursprünglich nach Familien, Sippen und Stammesgruppen gegliedert. Die traditionelle gentile Ordnung mußte freilich von den Formen des Gefolgschaftswesens aufgespalten und verändert werden. Wenn sich manche Harier wie ein Geisterheer zum Kampf kostümierten, dann ist diese Maskierung eher ein Zeichen für einen Männerbund als für ein allgemeines Stammesritual. Die Reiter, die ihre „Mitläufer" unter den besten jungen Fußkriegern auswählten, lösten damit die Sippenordnung auf, was nur von einer übergeordneten Instanz, einem mächtigen Heerführer oder Heerkönig wie Ariovist, durchgesetzt werden konnte. Diejenigen, die ein Stück Weges gemeinsam mit einem Herrn gingen, bildeten, wie der Name sagt, das Gesinde (altnordisch *sinni* „wer eine Heerfahrt mitmacht, Gefolgsmann"; althochdeutsch *sind* „Weg, Richtung"). Die Leute, die um einen Herrn herum waren, waren die keltisch-gotischen *ambacti-andbahtos*, die Vorfahren der heutigen Beamten, die eigentlich auch nicht in Sippenformationen auf- und angestellt werden sollten.

Die Auflösung der Abstammungsgemeinschaften auf unterster Ebene, als welche Sippen und Familien gelten, lehrt das Gotische; um 350 waren die Sippen als (einstige?) Abstammungsgemeinschaft von herrschaftlich organisierten Verbänden längst zurückgedrängt worden. Allerdings bleibt die Sippe im Bibelgotischen als Rechtsgemeinschaft noch klar erkennbar. Die Annahme an Kindes Statt und die für menschenarme Gesellschaften so wichtige Adoption, die Versöhnung mit dem Bruder sowie Außergesetzlichkeit und Gesetzlosigkeit werden mit Begriffen beschrieben, die entweder das Wort nennen oder damit zusammengesetzt sind. Dagegen ist zu bemerken: Selbst die für den Sippenangehörigen selbstverständliche Pflicht zur Blutrache ging in vielen Fällen auf die Gefolgschaft über. So sind die beiden Totschläge, die Theoderich der Große als Blutrache ausgab, politische Taten eher als Sühne der Sippenehre gewesen. Wie die Stämme ihre Wirklichkeit als Abstammungsgemeinschaften verloren, so bildeten sich auch auf unterer Ebene Interessensgemeinschaften nach Art der langobardischen *fara*, Fahrtgemeinschaft. Bezeichnenderweise wird aber auch diese, man möchte meinen, durchsichtige Begriffsbildung von der langobardischen Überlieferung nach den herkömmlichen Kategorien als Abstammungsgemeinschaft definiert. Die historische Wirklichkeit der Fara mußte daher gegen die Sprache der Quellen gefunden werden.

Ein zusätzliches Moment der Veränderung bildete das Römerheer. Sein Rückgrat war von der Republik bis über die Prinzipatszeit hinaus die Legion, die in ihrer Blütezeit aus 6000 Elitesoldaten italischer Herkunft bestand. Um 350 hatte sich die Bedeutung der Legion qualitativ wie quantitativ stark verringert. Sie bestand nun ungefähr aus 2000–3000 Mann, dürfte aber ebenfalls nach Ausweis der wulfilanischen Bibelübersetzung das Vorbild für die Größe, vielleicht auch für die innere Gliederung der Barbarenheere abgegeben haben. Es fällt auf, daß die Legion ihre schließlich stark geschrumpfte Sollstärke von 1000 Mann in dem Augenblick erreichte, als sich manche Barbarenheere in der gleichen Größenordnung formierten. So war das Vandalenheer nach Tausendschaften geordnet, und auch die Heerhaufen, die sich dem Zug des Westgotenkönigs Alarich I. anschlossen, wurden anscheinend in solchen Formationen neu zusammengefaßt. Noch das spanische Westgotenheer ist nach dem Dezimalsystem gegliedert und umfaßt Tausendschaften, aber auch Einheiten zu 500, 100 und 10 Mann. Wie die spätantike Legion 1000 Mann umfaßte, so war die Sollstärke der berittenen Einheiten 500 Mann. Beide Zahlen kehren im Heer der Westgoten wieder.

Trotz dieser scheinbar eindeutigen Evidenz dürften jedoch die Zahlenformationen der gotisch-vandalischen Heere nicht ausschließlich auf römische Einflüsse zurückgehen. Es hat den Anschein, daß auch die hunnisch-reiternomadische Heeresordnung, die bis zu den Mongolen auf dem Dezimalsystem aufgebaut war, auf die Germanen einwirkte. So dürften die gotischen Zahlwörter elf und zwölf, wörtlich „laß-gib eins, laß-gib zwei," nämlich zu zehn, darauf hindeuten, daß hier jenes reiternomadische, außerrömische Organisationsprinzip übernommen wurde.

Schon mit den nach persischem Vorbild eingeführten Formationen der gepanzerten Reiter, der Kataphrakten oder Clibanarier (wörtlich: „einer, der wie in einem Ofen steckt"), hatten die Kaiser des 3. Jahrhunderts mit dem traditionellen Vorrang des schwerbewaffneten Fußsoldaten gebrochen und die Schlachtenkavallerie zum neuen Rückgrat des römischen Heeres gemacht. Der gepanzerte Lanzenreiter, der ungeheure Entfernungen überwand, hatte aber auch dem ostrogothischen Heerkönig Ermanarich in der Mitte des 4. Jahrhunderts die Errichtung einer Herrschaft erlaubt, die dem Beobachter den Alexander-Vergleich nahelegte. Ermanarich beging 376 Selbstmord; keine zwei Jahre später entschied ein ostrogothisch geführter Reiterverband die Schlacht bei Adrianopel am 9. August 378 zugunsten der vor den Hunnen ins Römerreich geflüchteten, weitgehend unberittenen Westgoten. Weniger als zwei Jahrzehnte später hatten die Westgoten nicht nur Alarich zu ihrem König gewählt, sondern waren imstande, mit ihren Kavallerieattacken alles niederzutrampeln, so daß selbst „eisenbewehrte Mauern einzustürzen drohten" (Claudian, De bello Gothico vv. 191 ff. und 213 ff.). Und bei Pollentia 402 hielt Alarich den frontalen Reiterangriff der in römischen Diensten stehenden Alanen nicht bloß auf, sondern schlug ihn erfolgreich zurück. Zu dieser Zeit besaß die Kavallerie der Alarich-Goten das qualitative Übergewicht. Um 600 bildete der berittene Gotenkrieger den Regelfall, und noch aus dem 9. Jahrhundert stammt die Nachricht, gotische Duelle fänden seit alters zu Pferde statt.

Goten und Vandalen, suebische Quaden, Gepiden und Langobarden hatten nicht bloß das sarmatisch-iranisch-türkische Vorbild übernommen, waren selbst „skythische" Reiter geworden, sondern hatten auch den aus jener Richtung kommenden Einfluß auf die spätrömisch-byzantinische Armee verstärkt. Ein solcher Reiterkrieger trug im besten Fall einen Spangenhelm mit Nacken- und Wangenschutz, steckte in einem beweglichen Panzeranzug, der wenigstens bis zu den Knien reichte, jedoch nicht unbedingt aus Metall war, führte mit beiden Händen die überlange Stoßlanze, den Contus, woran ein Fähnchen flatterte, und besaß ein Schwert – vielleicht mit Elfenbeingriff – und den Rundschild als Zweitwaffen für den Kampf zu Pferd und zu Fuß. Die Reiter saßen ohne Steigbügel auf gepanzerten Pferden und galoppierten „mit langen Lanzen dicht gedrängt beisammen" gegen den Feind.

Wertvorstellungen wie die Hochschätzung bestimmter Streitrösser, Bewaffnung und Taktik der gotischen Heere blieben während ihrer ganzen Geschichte weitgehend konstant. Und der „Vandalenkrieg" des Procopius von Caesarea entwirft das gleiche Bild für die Vandalen. Die italischen und afrikanischen Waffenfabriken und staatlichen Gestüte mochten das Material in größerer Quantität und vor allem besserer Qualität liefern, als sie die außerrömischen Barbarenheere kannten. Trotzdem verließ man sich nicht nur auf die römischen „Fabriken". So haben jüngste Untersuchungen an den hervorragend gearbeiteten Spangenhelmen vom Typ „Baldenheim" gezeigt, daß sie offenkundig in Italien als Einzelstücke angefertigt wurden. Dabei hat der ostgotisch-barbarische Waffenschmied die Stirnbänder – sie sind mit antiken Weinranken verziert – in der römischen Waffenfabrik gekauft, während die darauf aufgesetzten Spangen und Platten von ihm in traditioneller Handarbeit angefertigt wurden.

Die stark barbarisierten spätrömisch-byzantinischen Heere unterschieden sich grundsätzlich nur wenig von denen der Barbaren, die ohnehin in der Regel als Föderierte dem Exercitus Romanus angehörten. Auch die Mentalität des Barbaren im regulären Römerheer war kaum anders als die des Föderaten. So ist es bezeichnend, daß bei der Kaiserausrufung Julians die traditionelle germanische Schilderhebung erfolgte. Als die Goten im Spätsommer 377 eine Schlacht gegen ein Römerheer mit dem Lob ihrer Vorfahren eröffneten, antworteten die „Römer" mit dem Barritus, mit dem leise beginnenden und danach zu großer Lautstärke anschwellenden Schlachtgesang barbarischer Krieger.

Nicht zu übertreffen war das Römerheer auch der Spätzeit in der taktisch-strategischen Schulung seiner Feldherren. So dienten Römer in allen barbarischen Armeen: Im Heere des Westgotenkönigs Eurich waren die höchsten Generäle aus der römischen Armee übernommen worden. Der erste gotische Befehlshaber der eroberten Auvergne war ebenso Römer wie der des von den Goten besetzten Ebrotales. Der höchste Militär der italischen Goten nach 526 war Liberius, der schon unter Theoderich dem Großen die gallische Präfektur des Ostgotenreichs kommandiert hatte. Römer marschierten in den Heeren der Burgunder, der Vandalen und Franken, Alamannen und Bayern. Allerdings fehlte jenen römischen Offizieren offenkundig die nötige Infrastruktur, um die Barbarenheere auf das Niveau eines Römerheeres zu bringen. So gelang es eben nur Generälen wie einem Belisar oder Narses, ihre Armeen durch hohe waffentechnische und taktische Spezialisierung, die von verschiedenen ethnischen Einheiten getragen wurde, zu schließlich unschlagbaren Instrumenten auszubauen.

Dazu kam, daß die oströmische Armee stets mehr Geld zur Verfügung hatte als der Westen sowohl unter imperialer wie später unter königlicher Herrschaft. So war das oströmische Militärbudget mehr als doppelt so hoch wie das gesamte weströmische, später ostgotische Jahreseinkommen. Daher war die oströmische Armee besser ausgerüstet, hatte eine ungleich wirkungsvollere Artillerie, eine bessere Logistik und offenkundig auch mehr Zeit zu exerzieren, um die römische Wunderwaffe „Disziplin" durchzusetzen.

Unerreicht blieb das römische Modell im Bereich der Belagerungstechnik, der Poliorketik. Und auch das römische Flottenwesen wurde – außer von den Vandalen – nirgends übernommen. Der westgotische Admiral, der im Auftrag König Eurichs sächsische Piraten zu verfolgen hatte, war ein Römer. Und auch die Flotten Geiserichs – von seinen Nachfolgern ganz zu schweigen – wagten es niemals, einer römischen Armada eine Seeschlacht zu liefern. Im Grunde genommen verwendete Geiserich seine Schiffe allerdings in gleicher Weise wie die meisten römischen Admiräle, nämlich als Transportmittel. Die Römer mußten die Katastrophe von Cap Bon im Sommer 468 deswegen hinnehmen, weil der Vandalenkönig geschickt eine Kampfpause nützte und die vor Anker gegangene riesige Flotte des Gegners bei gutem Wind mit Brandern angriff. Die Gunst der Elemente bescherte Geiserich seinen größten Seesieg; aber kein einziger Vandale, Alane oder Berber wurde dabei im Kampf Mann gegen Mann eingesetzt.

Unbestreitbar blieb das Beispiel der römischen Armee im institutionellen Bereich. Während des 4. Jahrhunderts erreichten zahlreiche Franken, weniger Alamannen, später aber Goten und Vandalen die höchsten Positionen in der römischen Armee, nämlich die Ämter der Heermeister und Comites domesticorum. Es dauerte jedoch bis zum Ende dieses 4. Jahrhunderts, bis ein König föderierter Barbaren zugleich auch Magister militum, Heermeister, werden konnte. Der Mann, der diesen entscheidenden institutionellen Durchbruch erzielte, war niemand anderer als Alarich I., der Eroberer Roms des Jahres 410. Daher war es das römische Heer, das im dialektischen Sinne als Instrument der Umgestaltung der römischen Welt diente.

# III. Die Entstehung der germanischen Großstämme

Die Markomannenkriege wurden von den antiken Beobachtern in herkömmlicher Weise als Abwehrkämpfe gegen die Germanen beschrieben und die kaiserlichen Siege als traditionelle Triumphe gefeiert. Daß es sich aber bei den, anderthalb Jahrzehnte dauernden Auseinandersetzungen um einen Angriffskrieg von Stammesbünden verschiedenster, ja sogar innergermanischer Herkunft handelte, wurde ebensowenig gesehen wie die Bedeutung der gentilen Zusammenschlüsse erkannt. Völker wie die im Nordosten der Germania siedelnden Gutonen (Goten) wurden noch knapp vor Ausbruch der Kämpfe als Kleinstämme bezeichnet, obwohl sie wenig später gewaltige ethnische Veränderungen im Osten Europas bewirkten.

Nach der augusteischen Verteidigungsdoktrin war die römische Armee mit ihren Legionen und Auxiliareinheiten so gut wie ausschließlich an den Reichsgrenzen zu stationieren. Dieses strategische Konzept kam mit einer erstaunlich geringen Truppenzahl aus – so standen von Schottland bis Syrien und von Mauretanien bis Siebenbürgern etwa 300 000 Mann unter Waffen – und funktionierte sehr gut, solange die römische Reichsregierung für Angriff und Verteidigung das Gesetz des Handelns besaß. Aber bereits der Markomannenkrieg, in dessen Anfängen beinahe Aquileia verloren gegangen wäre, hatte deutlich die Schwäche des Systems erkennen lassen. Vor allem verhinderte die lineare Grenzverteidigung die Führung lang anhaltender Mehrfrontenkriege. Die veralteten Militärstrukturen trugen auch wesentlich zum nahezu völligen Zusammenbruch des innenpolitischen Systems des Reiches bei. Was sich verfassungsgeschichtlich im 3. Jahrhundert als Zeitalter der Soldatenkaiser darstellte, war in Wirklichkeit der Auftakt zu einer tiefgreifenden Umgestaltung der römischen Welt.

Die Schwäche der römischen Staatlichkeit nützten und verstärkten germanische Großvölker, die so gut wie unbemerkt entstanden waren. Tacitus hatte am Ende des 1. Jahrhunderts noch weit über vierzig germanische Stämme gezählt und damit lange nicht alle bekannten Völker genannt. Obwohl er etwa die Schwäche der Cherusker seiner Zeit gegenüber der des Arminius registrierte und als einer der ganz wenigen Römer auch innergermanische Kämpfe, wie die schwere Niederlage, die die Hermunduren im Jahre 58 den Chatten beigebracht hatten (Ann. XIII 57, 1 f.), ausführlich erörterte, fehlten ihm anscheinend die Möglichkeiten wie das Interesse, den gentilen Verdrängungswettbewerb anders als im Zeichen der, den Römern so angenehmen germanischen „Uneinigkeit" zu sehen. Diese Engstirnigkeit war möglich, obwohl die lateinischen Ethnographen ohnehin viel genauer und wirklichkeitsgetreuer arbeiteten als ihre griechischen Kollegen und einstigen Lehrmeister. Für letztere konnte alles beim alten bleiben, weil für die Griechen die Barbarenwelt gleichsam zeitlos, geschichtslos und daher ohne Veränderung war. Als im 3. Jahrhundert die Donaufront von neuen germanischen Völkern überrannt wurde, beschrieb ein Grieche die verheerenden Kämpfe als weiteres Kapitel der seit Herodot bekannten Skythengeschichte. Darin werden selbst die westgermanischen Juthungen, ein wohl suebischer Stamm, der die Hermunduren als Nachbarn Raetiens abgelöst hatte und im vierten Jahrhundert alamannisch wurde, „juthungische Skythen" genannt (Dexipp. Frag. 6). Bei der Erwähnung von Skythen wußte man als griechischer Leser, was man sich vorzustellen hatte; tatsächlich hatte die Zuordnung ungefähr den gleichen Realitätswert, wie wenn ein Standler des Münchner Viktualienmarktes seinen Unmut über einen bebrillten, mit Photoapparaten behangenen Touristen mit den Worten: „Saupreiß, japanischer!" äußert.

Tacitus hätte aber, so würde man meinen, den Schlüssel zum Verständnis des Werdens gentiler Großgruppen in Händen gehabt, wenn er die Sueben als einen, aus vielen Völkern bestehenden Verband beschrieb.

Wie die Entwicklung des ursprünglichen Kultverbandes der Sueben gestaltete sich auch die der ähnlich strukturierten lugisch-vandalischen Großgruppe. Sowohl die langobardische wie die gotische Stammessage feiern den Kampf gegen die Vandalen als primordiale Tat, als Gründungsereignis ihrer Identität. Tatsächlich dürfte es sich dabei jedoch nicht um ein punktuelles Ereignis, sondern um die allmähliche Befreiung der Gutonen und wohl auch der Langobarden aus der vandalischen Abhängigkeit gehandelt haben. Nach dem Zerfall des einstigen Kultverbandes zogen die Gutonen von Pommern an die Weichsel, während die Vandalen sich von dem heute zentralpolnischen Raum in den Süden ausbreiteten. Die Sudeten wurden die „Vandalischen Berge" (Cassius Dio LV, 1, 3) und begrenzten das Land eines der beiden vandalischen Teilstämme, der schlesischen Silingen. Östlich von ihnen richteten sich die Hasdingen für kürzere Zeit ein, überschritten aber bereits während der Markomannenkriege die Karpaten nach Süden. Um 250 sollen sie sich den Goten angeschlossen haben; im Jahre 270 drangen sie von der oberen Theiß bis ins untere Pannonien vor. Wenn es um die Auseinandersetzung mit Rom ging, standen die Vandalen hinter den Goten.

Mehr als eine ganze Generation hatte unter den verheerenden Gotenstürmen zu leiden, die von 238 bis 271 die gesamte Balkanhalbinsel und Kleinasien heimsuchten. Im Juni 251 gelang ihrem Heerkönig die Vernichtung der römischen Armee unter Kaiser Decius; Ort der Schlacht war der Raum von Abrittus-Hisarlâk bei Razgrad im heutigen Bulgarien. Der Kaiser und sein Sohn fielen; gleichzeitig brach eine pestartige Seuche aus, die jahrelang wüten sollte.

Im Frühjahr 268 dringen gewaltige Massen gotischer Krieger über die Donau nach Süden vor, gleichzeitig gelingt gotisch-erulischen Seefahrern der Durchbruch in die Ägäis. Aber am Ende dieses großangelegten Kriegszugs erringt Kaiser Claudius II. im Jahre 269 den großen Sieg von Naissus-Nisch. Claudius II. nimmt darauf als erster römischer Kaiser den Siegestitel *Gothicus* an; die Erwähnung dieses Titels ist zugleich die erste Nennung des Goten-Namens in der antiken Überlieferung, die keine Verbindung zwischen diesem „neuen" Volk und dem der pommerschen Gutonen herstellt.

Im Jahre 271 wiederholte Kaiser Aurelian den Erfolg seines Vorgängers, überschritt sogar die Donau und besiegte die Goten in mehreren Schlachten auf ihrem eigenen Territorium. Danach gewann der Kaiser den Frieden. Die trajanische Dacia, die Aurelian eben noch fest in seine Gewalt gebracht hatte, wurde aber administrativ aufgegeben, wodurch die Goten in den nächsten Jahrzehnten vollauf damit beschäftigt waren, die Provinz in Besitz zu nehmen, das Land mit ihren Verbündeten zu teilen und gegen ihre Gegner zu schützen. Von einer gewaltsamen Eroberung der jüngsten und einzigen römischen Provinz nördlich der Donau kann aber keine Rede sein.

Das gleiche gilt von der Aufgabe des zwischen Rhein und Donau verlaufenden Limes und der Agri Decumates, die um diese Zeit ohne große Publizität den Alamannen geöffnet wurden. Während die Goten sich in die östlichen Greutungen-Ostrogothen und die bis an die untere Donau vordringenden Terwingen-Vesier spalteten, wobei die letzteren ihr Königtum verloren, besaßen die Alamannen, die sich aus vielen Gruppen zusammensetzten, keine besonders hervorgehobene, altehrwürdige Königsfamilie. Außer den erst später zu Alamannen gewordenen Juthungen hatte keine alamannische Gruppe einen alten Namen. Sie waren wahrscheinlich „alle Männer", „alle Menschen insgesamt", galten aber deshalb ihren Nachbarn als „Mischlinge". Erst um die Mitte des 4. Jahrhunderts werden die ersten territorialen Namen erwähnt, die man bezeichnenderweise größtenteils als Namen römischer Eliteeinheiten kennt und die aus den neugewonnenen Ländern stammen. Sie lassen sich häufig einzelnen oder mehreren Königen zuordnen, die nun die Führungsschicht der Stämme bilden. Diese Könige schlossen sowohl untereinander als auch mit den Römern Verträge; sie befanden sich nie alle gemeinsam im Kampf mit den Römern, und doch waren sie anscheinend alle miteinander verwandt und besuchten mehr oder weniger regelmäßige Zusammenkünfte.

Die für die Zukunft wichtigsten der „neuen" Völker waren die Franken. Die alte Ansicht von der Bedeutung wie der Entstehung ihres Namens hat immer noch viel für sich: die am rechten Ufer des Niederrheins freigebliebenen, also nicht unterworfenen germanischen Völker der taciteischen Germania hatten sich – etwa um 200 n. Chr. – bei ihrem Zusammenschluß gegen das wankende Imperium Romanum als die Freien bezeichnet. Die später an die erste Stelle des Frankenbundes tretenden Salier werden dagegen erst im 4. Jahrhundert zu Franken; die Entstehung ihres in vieler Hinsicht ausgezeichneten Königtums der Merowinger setzt als primordiale Tat die Überquerung des Rheins voraus. Bereits die frühesten fränkischen Vorstöße ins Reich übertreffen 257/58 an Waghalsigkeit und Kühnheit alles, was man sich bisher von den Germanen jenseits des Rheins erwartete.

Wie die Sachsen hinter den Franken, so standen die Burgunder – aus dem Gebiet der mittleren Oder kommend – hinter den Alamannen. Ihre ursprüngliche Herkunft wird mit der dänischen Insel Bornholm in Verbindung gebracht. Ihre erbitterten Feinde waren die Alamannen an den Flüssen Rhein, Main, Neckar und Donau. Daher wurden die Burgunder für die römische Reichspolitik interessant; sie schienen bündnisfähig zu sein, solange sie nicht in allzu großer Zahl am Rhein erschienen. Den besonderen Beziehungen entsprach die burgundische Überzeugung, Verwandte und Nachkommen der Römer zu sein. Diese führten ihrerseits den Namen des Stammes darauf zurück, daß die Burgunder die Besatzung der *burgi*, der typischen spätantiken Grenzbefestigungen, gestellt hätten. Das Gefühl der Nähe dürfte auch erklären, daß ein römischer Beobachter das eigenartige burgundische Königtum nicht als barbarisch abtat, sondern mit dem ägyptischen Herrschertum der sakral verantwortlichen Pharaonen verglich.

Die Sachsen hatte wohl der griechische Geograph Ptolemaios um die Mitte des zweiten Jahrhunderts zum ersten Mal genannt. Die früheste eindeutige Erwähnung sächsischer Piraten stammt dagegen aus dem Jahre 286, als sie ihre gemeinsamen Seefahrten mit den Franken unternahmen. Mit großer Wahrscheinlichkeit wird ihr Name vom Sax, dem kurzen Hiebschwert, hergeleitet, dessen Frühformen bis in voreisenzeitliche Epochen zurückverfolgt werden können. Lange Zeit sah die Forschung die sächsische Ethnogenese im Zeichen der Alternative, ja der Antithese „freiwilliger Zusammenschluß oder Eroberung". Wieder war es Reinhard Wenskus, der eine derartige Gegenüberstellung als unhistorisch und einer frühmittelalterlichen Stammesbildung fremd erkannte. Vielmehr setzte sich eine Minderheit nordalbingischer Zuwanderer im Raum südlich der Elbe gegenüber einer bodenständigen Mehrheit durch. Die Überlieferung zur sächsischen Stammesbildung ist zwar dürftig; doch läßt sich neben den Nordleuten auch die Beteiligung von (Lango-)Barden, Nordschwaben, Thüringern, vielleicht auch von skandinavischen Haruden sowie angelsächsischen Rückwanderern erkennen.

Obwohl ihre, nach Britannien abgewanderten Stammesgenossen das Königtum mitgenommen haben dürften, gelang es den oligarchisch verfaßten Altsachsen, die ursprünglichen ethnisch-sozialen Unterschiede in einer äußerst rigiden, rechtlich-sozialen Stammesgliederung zu ordnen und auf verhältnismäßig lange Dauer, nämlich bis zur karolingischen Eroberung um 800, zu erhalten. Man braucht nicht darüber zu streiten, wie sehr die Überlieferung von den drei oder vier Bevölkerungsschichten die sächsische Verfassungswirklichkeit vereinfachte und die Unterschiede akzentuierte. Vielmehr kommt es auf die Bedeutung des Systems an. Die drei ersten Stände von den Edelingen über die Frilinge bis zu den Laeten oder Liten waren politisch handlungsberechtigt und wehrfähig. Dadurch unterschied sich die sächsische Verfassung grundsätzlich von der anderer Stämme, die im allgemeinen keine Beteiligung der Minderfreien am öffentlichen Leben kannten. Dagegen trennte die drei sächsischen Gruppen ein Heiratsverbot, das mit der Todesstrafe belegt war. Außerdem erhielt ein Edeling das achtfache Wergeld des Liten und immer noch das sechsfache Wergeld des Freien. Die Edelinge stellten also eine klar bevorrechtete Schicht im sächsischen Stammesverband dar, während die halbfreien Liten den einfachen Freien sehr nahe kamen. Bezeichnenderweise galten die so stark ausgeprägten Stammes- und Standesunterschiede aber nicht in Nordalbingien, im ursprünglichen Sachsenland nördlich der Elbe.

Heiratsverbot, ein exorbitanter Rangunterschied zwischen den Edelingen und den beiden anderen Gruppen sowie die Tatsache, daß der erste Stand verhältnismäßig zahlreich war, petrifizierten als soziale Differenzierung die ethnischen Unterschiede am Beginn der sächsischen Stammesbildung. Die Überlieferung spricht vom freiwilligen Anschluß der Frilinge und weiß von einer – zumindest teilweisen – Unterwerfung der Liten. Eine derart verkürzende Darstellung gibt mittel- bis langfristige Entwicklungen wieder, wie sie für Stammesbildungen typisch und auch bei der alamannischen wie gotischen „Landnahme" an Rhein und Donau festzustellen sind.

Vor der Schlacht bei Straßburg, in der Kaiser Julian 357 die Alamannen, die sich schon westlich des Rheins häuslich niedergelassen hatten, vernichtend schlug und aus Gallien vertrieb, traten die „kriegerischen Völker" in folgender Ordnung auf: An ihrer Spitze standen zwei Könige, Onkel und Neffe, die am mächtigsten waren. Ihnen folgten fünf Könige, die ihnen an Rang und Namen am nächsten kamen. An dritter und vierter Stelle standen „zehn Königgleiche und eine beachtliche Zahl Vornehmer". Alle diese großartigen Herren wurden aber vor der Schlacht vom alamannischen Fußvolk gezwungen, vom Pferde zu steigen und im guten wie im schlechten ihr Schicksal zu teilen.

Im Vergleich zu den Alamannen hatte die gleichzeitige donaugotische (westgotische) Oligarchie den für gemeinsame Unternehmungen notwendigen Zusammenschluß wesentlich stärker institutionalisiert und wohl auch herrschaftlicher organisiert. Um den äußeren wie inneren Bedrohungen zu begegnen, wurde im 4. Jahrhundert eine zeitlich beschränkte, den gesamten gentilen Verband betreffende, nicht-königliche Monarchie geschaffen. Ihr Inhaber war ein Richter, der das Stammesterritorum nicht verlassen durfte. Er erhielt sein Mandat von einem Stammesrat, der aus königlichen Fürsten und Großen bestand. Die Großen waren für das Kultwesen, die Rechtsprechung und die Kriegführung zuständig, konnten oder mußten aber im Falle äußerer wie innerer Bedrohung ihre Rechte weitgehend an den Richter abtreten.

Eine Vielzahl von Königen, aber kein monarchisches Königtum kommt bei Franken, Burgundern und den Vandalen der

Frühzeit vor. Das gleiche gilt von Langobarden und Erulern. Die große verfassungsgeschichtliche Änderung erfolgte in dem Augenblick, in dem Germanen ständige Königreiche auf römischem Boden gründeten.

## Die gotischen Völker und der Arianismus

Die Goten an der unteren Donau wie auf der Halbinsel Krim waren die ersten Germanen, die als ganze Völker mit dem Christentum in Berührung kamen. Der Grund für diese Begegnung waren die Gotenstürme, die im 3. Jahrhundert die Balkanhalbinsel und Kleinasien heimsuchten und damit die zu dieser Zeit bereits am stärksten christianisierten Gebiete des Römerreiches verheerten. Die Beute der Goten bestand nicht zuletzt aus Gefangenen, die sie in ihre donauländischen oder pontischen Heimatländer verschleppten. So kamen die nichtgotischen Vorfahren Wulfilas wohl 257 aus Kappadokien ins Gotenland nördlich der unteren Donau und zählten wie ihre Vorgänger und Nachfolger zu den vielen verknechteten Menschen, „die ihre Herren zu Brüdern machten" (Basilius d. Gr., Epistolae n. 164). Mag auch die Vorstellung von einer frühen intensiven Chistianisierung der donauländischen Goten stark übertrieben sein, da sie noch 376 in ihrer überwiegenden Mehrheit Heiden waren, so bildeten doch die Gefangenen des 3. Jahrhunderts und ihre Nachkommen die Keimzellen der gotischen Christianisierung wie Romanisierung. Die davon ausgehende Bedrohung der heidnischen Stammesreligion wurde von der heidnischen Oberschicht auch als Bedrohung der sozialen Ordnung empfunden, so daß es um 350 und 370 zu zwei Christenverfolgungen kam, den einzigen ihrer Art unter Germanen und gleich den vorhergegangenen römischen Verfolgungen bedingt wie begründet.

Wulfila wurde wahrscheinlich im Jahre 341 in Antiochia zum „Bischof der Christen im getischen Land" (Philostorgios II 5) geweiht und in der ersten gotischen Christenverfolgung samt seinen Anhängern aus dem Land getrieben. Er begann nach 350 schon auf römischem Boden mit seinen Helfern die Bibel zu übersetzen. Die christlich-liturgische Fachsprache bezog dieses Bibelgotische, sei es unmittelbar, sei es über lateinische Vermittlung, aus dem Griechischen. Das dafür erfundene gotische Alphabet basierte auf der griechischen Schrift, verarbeitete aber auch Anregungen aus dem Lateinischen wie von den Runen. Wulfilas Bibelübersetzung war von epochaler Bedeutung für alle gotischen Völker, für die eigentlichen Goten, für die Gepiden und Vandalen, Rugier, Skiren, Eruler, aber auch für die Burgunder und die ursprünglich nichtgermanischen Alanen. Ja, selbst unter den fränkischen Merowingern gab es Menschen, die Wulfilas Credo bekannten, und auch Chlodwig wäre fast einer der Ihren geworden.

Noch auf dem Totenbett bekannte Wulfila seinen Glauben „an den einen Gottvater, allein ungezeugt und unsichtbar, und an den eingeborenen Sohn, unseren Herrn und Gott, Schöpfer aller Kreatur, der nicht seinesgleichen hat – und daher ist einer aller Gottvater, der auch der Gott unseres Gottes ist –, und an den einen Heiligen Geist, den Lebensspender und Heiligmacher, der aber weder Gott noch Herr ist, sondern der treue Diener Christi, nicht ihm gleich, sondern unterworfen und in allem dem Sohn gehorsam, wie auch der Sohn in allem Gottvater unterworfen und gehorsam ist." (Auxentius, Max. diss. 63).

Vereinfachend bezeichnete man einst wie heute ein solches Bekenntnis als arianisch. Der Presbyter Arius von Alexandria (etwa 260–336) vertrat die bloße Gottähnlichkeit Jesu und meinte, der Sohn Gottes habe nicht vor aller Zeit existiert, sondern sei in der Zeit sowohl gezeugt wie geschaffen worden, so daß auch die Menschen die gleiche Gotteskindschaft erlangen könnten. Die Auseinandersetzung zwischen Arius und seinen Gegnern nahm so gefährliche Formen an, daß Kaiser Konstantin im Jahre 325 das Erste Ökumenische Konzil nach dem kleinasiatischen Ort Nicaea berief. Hier wurde der Arianismus verdammt und das Nicaenum, das im wesentlichen bis heute gültige Glaubensbekenntnis, formuliert. Am Ende seines Lebens geriet jedoch der Kaiser immer mehr unter den Einfluß arianischer Bischöfe, so daß er nicht bloß Arius begnadigte, sondern selbst noch in seinem Todesjahr 337 von einem arianischen Bischof getauft wurde.

Im Laufe des 4. Jahrhunderts gewann die Lehre des alexandrinischen Presbyters vor allem im Osten viele Anhänger unter den höchsten weltlichen und geistlichen Würdenträgern bis hin zu den Kaisern. Das auf dem Reichskonzil von 360 angenommene Bekenntnis bildete auch die Grundlage für den germanischen Arianismus, den der an sich kompromißbereite Wulfila repräsentierte. Mit der Berufung des Spaniers Theodosius auf den Kaiserthron des Ostens setzte sich jedoch die im Westen niemals aufgegebene nicaenische Position durch, so daß auch der Osten sehr rasch wieder katholisch wurde. Am Ende des 4. Jahrhunderts stand freilich die weitaus überwiegende Mehrheit der christlichen Germanen auf dem Boden des Ostreiches, und deren arianisches Credo wagten die Kaiser auch im folgenden Jahrhundert nicht anzutasten.

Die Besonderheit und Widerstandskraft der wulfilanischen Tradition beruhte nicht zuletzt auf ihrer Volkssprachigkeit. Vereinzelte Versuche römisch-katholischer Bischöfe, durch Predigten in der Volkssprache die gotischen Seelen zu gewinnen, konnten dagegen kaum etwas ausrichten. Die während des 5. Jahrhunderts in den Westen abgewanderten gotisch-vandalischen Völker brachten ihren Glauben mit, waren aber ihrerseits viel zu schwach, um die im Westen längst gefallene Entscheidung zugunsten des Katholizismus rückgängig zu machen. Es ist daher kein Wunder, daß der Merowinger Chlodwig, der als Franke der gotischen Glaubensüberlieferung wie der Sprache Wulfilas ferner stand, sich – zumindest nach einigem Zögern – doch für den Katholizismus der römischen Mehrheit seines Herrschaftsgebiets entschied. Dagegen waren die Könige der Goten, Vandalen, Burgunder und schließlich die der Langobarden zu Herren ihrer arianischen Kirche geworden, die jeweils gleichsam den Platz der alten Stammesreligion einnahm. In den arianischen Reichen waren die Verbreitung der Glaubenslehre und die Kirchenordnung wie überall bei den Germanen „von oben nach unten" wirksam. Damit waren aber die Ursprünge der gotischen Bekehrung aufgegeben, die – innerhalb der germanischen Welt einmalig – „von unten nach oben" begonnen hatte. Der Arianismus Wulfilas und der ihm folgenden Könige war freilich ebensowenig wie Chlodwigs Katholizismus imstande, alle Germanen innerhalb, geschweige denn außerhalb der römischen Reichsgrenzen zu missionieren, was die Voraussetzung für die Erhaltung wie Ausbreitung des europäischen Christentums gegenüber Heidentum, Indifferenz und Rebarbarisierung gewesen wäre.

## IV. Die Wanderung der germanischen Völker oder die Umgestaltung der römischen Welt

Spätestens seit den Humanisten und der Renaissance werden die Germanen, unter ihnen vor allem Goten, Vandalen, Franken und Langobarden, für die Eroberung, Zerstörung, ja Ermordung des Römerreiches verantwortlich gemacht. Um dieses Phänomen zu beschreiben, wurde am Ende des 18. Jahrhunderts mit Hilfe der humanistischen Wortschöpfung *migratio gentium* der Begriff „Völkerwanderung" geprägt. Damit verbunden war die Vorstellung von katastrophalen Barbareninvasionen unter der Führung von Heerkönigen, wie dem Westgoten Alarich I. (391/95–410), dem Ostgoten Theoderich den Großen (471/74–526), dem Vandalen Geiserich (428–477), dem salfränkischen Merowinger Chlodwig (481–511) oder dem Langobarden Alboin (560/61–572), die auf dem Boden des zerfallenden Römerreichs ihre barbarischen Regna gründeten. Angenommen, wir wüßten nichts von den tatsächlichen Vorgängen und kennten bloß die ungefähren Zahlen der römischen Bevölkerung wie der ins Imperium eingedrungenen Germanen. Der Schluß müßte lauten: 100 000 bis 120 000 Westgoten, von denen ein Fünftel das Heer ausmachten, hätten ein römisches Territorium von einer Dreiviertel Million Quadratkilometern und 10 Millionen Einwohnern unterworfen. Eine Kriegerschar von höchstens 25 000 aus ingesamt höchstens 150 000 Ostgoten hätte sich der italischen Präfektur bemächtigt, die zwar an Umfang kleiner als die gallische war, aber eine Bevölkerungszahl von 10–12 Millionen Menschen besaß. 80 000 Menschen umfaßte der Stammesbund, den Geiserich nach Afrika führte; davon hätten etwa 15 000 Krieger das städtereiche römische Afrika erobert, das ohne Ägypten damals wohl noch 3 Millionen Einwohner hatte. In Gallien machten nach den Eroberungen durch Chlodwig und seine Nachfolger die Franken etwa 2 Prozent der Gesamtbevölkerung aus, was ein Verhältnis von 6 oder 7 Millionen Römern zu 150 bis höchstens 200 000 Franken bedeutete.

Rein der Zahl nach sind solche Inbesitznahmen als Eroberungen heute unvorstellbar geworden, mögen auch die Barbarenheere, was sicher nicht überall der Fall war, in einem bestimmten Raum die einzige reguläre bewaffnete Macht dargestellt haben. Außerdem waren die germanischen Heere in Wirklichkeit weit mehr damit beschäftigt, einander zu bekämpfen als die Römer zu unterwerfen. Die Franken haben Gallien nur zu einem kleinen Teil den Römern abgenommen. Theoderich der Große errang seine größten Siege ausschließlich über germanische Konkurrenten und konnte zeit seines Lebens keiner einzigen energisch geführten römischen Armee standhalten. Das gleiche gilt von Alarich und Geiserich, von Alboin und den meisten anderen Germanenkönigen.

Hat daher der Deutungsversuch, der den Germanen die zentrale Bedeutung für den Untergang Roms zuschrieb, schon seit langem viel von seiner Überzeugungskraft eingebüßt, so sind wir heute als Zeitzeugen des Zerfalls einer kolonialen Weltmacht umso eher in der Lage, einen vermeintlichen Untergang als Umgestaltung, Transformation, ja als noch so schmerzliche Neuordnung zu begreifen. Oder mit anderen Worten, ebensowenig wie Litauen oder die drei baltischen Republiken zusammen die Sowjetunion erobern und zerstören konnten, so war dies den Goten gegenüber dem Imperium Romanum möglich gewesen. Aber die verhältnismäßig kleinen politischen Einheiten haben heute wie damals an der Umgestaltung der Reiche ihrer Zeit maßgeblich mitgewirkt.

Zweifellos ist die Geschichte der Goten, Vandalen, Franken und Langobarden vielfach eine Geschichte von Krieg, Blutvergießen und Verwüstung gewesen. Trotzdem waren die Beziehungen des Römerreichs mit den Barbaren viel eher eine Geschichte von Verträgen als eine der militärischen Konfrontation. Die barbarischen Königreiche wurzelten zwar in außerrömischen Traditionen, aber sie waren vertraglich festgelegte, römische Institutionen, deren Inhaber – mit vizekaiserlicher Macht ausgestattet – römische Militärfunktionen ausübten. Daher waren die Barbarenheere auf römischem Boden für gewöhnlich auch römische Föderatenheere. Als Nachfolger der römischen Armee besaßen sie das Recht auf Machtübertragung, allerdings unter der Einschränkung, daß germanische Kriegsvölker keinen Kaiser, dafür aber einen König erhoben. Vom Standpunkt der spätrömischen Verfassung stellten daher die barbarischen Königreiche den – zumindest zeitweise gelungenen – Versuch dar, Theorie und Praxis der spätantiken Staatlichkeit zu versöhnen. Selbst ein spätantiker Geschichtsschreiber, mag er auch noch so sehr über *The Decline and Fall of the Roman Empire* (so der Titel des berühmten Buches von Edward Gibbon, 1737–1794) geklagt haben, hätte niemals daran gezweifelt, daß die barbarischen Königreiche zum politischen System des Reiches gehörten. Sie waren keine in das Imperium verlagerte barbarische Staatsgefüge, sondern nur innerhalb der römischen Reichsgrenzen möglich. Mag ihre Dauerhaftigkeit auch verschieden und ihr Rang niederer gewesen sein, so waren sie doch in gleicher Weise wie Byzanz die Erben des einstigen Imperium Romanum. Zu diesen Erben gesellten sich im 5. und 6. Jahrhundert die Slawen und die Araber, die sowohl die Barbarenreiche wie Byzanz bedrängten und regional verdrängten.

Man fragt sich mit Recht, wieso die westliche Reichsregierung ihr Spiel verlor, während der Osten erstaunliche Überlebenskraft bewies. Quantifizieren ist heute eine beliebte Beschäftigung, die mitunter tatsächlich erstaunliche Einsichten bietet. Die Quellengrundlage ist freilich für die Frühzeit sehr dürftig. Nach derselben Methode und vor allem aus denselben Quellen erzielte Ergebnisse lassen sich jedoch miteinander vergleichen und besitzen daher einen relativen Erkenntniswert. Schätzt man das Konstantinopel der Zeit um 500 auf 300 000 bis 500 000 Menschen, so nimmt man für das gleichzeitige gotische Toulouse bloß 15 000 Bewohner an. Das heißt aber mit anderen Worten, daß in der Hauptstadt des Westgotenreichs und damit des Großteils der einstigen gallischen Präfektur weniger Menschen wohnten, als das auf etwa 20 000 Mann geschätzte Gotenheer betrug. Hingegen lebten in Konstantinopel mehr Menschen, als die gesamte römische Streitmacht zu irgendeinem Zeitpunkt umfaßte.

Diesem demographischen Beispiel entspricht eine ökonomische Beobachtung. Nach Theoderichs des Großen Tod erbte seine Tochter Amalasuintha – abzüglich des zurückgegebenen westgotischen Königsschatzes – 40000 Goldpfund. Diese Summe entsprach zwei Jahresbudgets des weströmischen Reiches der Mitte des 5. Jahrhunderts. Den 20000 Goldpfund des Westens standen jährliche Einnahmen des Ostreichs auf geschätzte 270000 Goldpfund gegenüber, wovon 45000, also weit mehr als doppelt so viel wie das gesamte westliche Jahresbudget und mehr als Theoderichs Erbe, für die Erhaltung der Armee verwendet werden konnte. Daher nimmt sich auch die Summe von 40000 Goldpfund, die Theoderich der Große in 33 Jahren ungestörter italischer Herrschaft erwirtschaftete, gegenüber dem achtfachen Betrag, den 320000 Goldpfund, die sein Zeitgenosse, Kaiser Anastasius I., nach 27jähriger Herrschaft hinterließ, mehr als bescheiden aus.

Zahlen dieser Art erklären selbstverständlich nicht alles, aber sie veranschaulichen, warum der Westen während des späten 4. und im Verlauf des 5. Jahrhunderts zum territorialen wie institutionellen Juniorpartner Konstantinopels herabsank. So wären um 450 etwa 60 Prozent des jährlichen Steueraufkommens des Westreichs, aber nicht einmal 5 Prozent des östlichen Budgets für die Erhaltung von 30000 Elitesoldaten auszugeben gewesen. Mit einer Armee dieser Stärke hätte aber das Westreich – mit Aussicht auf Erfolg – entweder nur in Gallien oder in Afrika eingreifen können. Beides gleichzeitig wäre nicht möglich gewesen.

Hätte die westliche Reichsregierung den für 30000 Mann nötigen Betrag von zwölfeinhalbtausend Goldpfund aufgebracht, so wären ihr jedoch bloß die gleichen Mittel zur Verfügung gestanden, die drei reiche, jedoch keineswegs superreiche italische Senatoren jährlich von ihren Gütern erwarten konnten. Das Mißverhältnis von öffentlicher Armut – verschuldet durch eine falsche Wirtschaftspolitik – und unverändert hohem privaten Reichtum (Alexander Demandt) zwang daher das Westreich, neue Formen der Staatlichkeit anzuerkennen. Am Beginn dieser Entwicklung stand die Abtretung der provinzialen Steuerleistung in denjenigen Gebieten, in denen die Barbarenheere unter Führung ihrer Könige angesiedelt wurden.

# Die Goten

Spätestens seit der Spaltung der Goten, erstmals bezeugt im Frühjahr 291, gab es zwei Abteilungen desselben Volkes, deren westliche *Tervingi-Vesi* und deren östliche *Greutungi-Ostrogothi* hießen. Diese Namen blieben bis kurz nach 400 aktuell; danach lebte das Gegensatzpaar Terwingen-Greutungen nur mehr im Heldenlied fort, während sich das Paar Vesier-Ostrogothen zunächst unverändert erhielt, bis es durch Cassiodor am Beginn des 6. Jahrhunderts zum Analogon Vesegothen-Ostrogothen im Sinne von Westgoten und Ostgoten „verbessert" wurde. Der Name der Ostrogothen gilt als Prunkname, der so viel wie „Sonnenaufgangs-Goten" oder die „durch den Aufgang der Sonne glänzenden Goten" bedeutete. Cassiodor diente der einstige Prunkname der östlichen Goten als geographisches Unterscheidungsmerkmal. Vom Standpunkt des 6. Jahrhunderts betrachtet, war eben die Geschichte der Goten stets eine des westlichen und des östlichen Stammesteils gewesen. Tatsächlich bestanden aber im 5. und 6. Jahrhundert die westlichen Goten ebenso aus Ostrogothen, wie Vesier an der Ethnogenese ihres östlichen Brudervolkes teilgenommen hatten. Es empfiehlt sich daher, von Ostrogothen nur bis zum Beginn des 5. Jahrhunderts und erst danach von Ostgoten zu sprechen; und das gleiche gilt für Vesier und Westgoten.

Kein anderes Germanenvolk beschäftigt bis heute die Phantasie der Nachwelt so sehr wie die Goten. Wie kein zweites dienen sie zur trivialen Selbstidentifikation oder ironischen bis negativen Fremdbezeichnung. Den Bewohnern der Kanarischen Inseln sind die „Goten" unserer Tage, die Festlandspanier, als Zuwanderer unwillkommen, andrerseits bedeutet *godo* vor allem in Lateinamerika den Edelgebürtigen, der seine unvermischte iberische Herkunft bis auf die Goten zurückverfolgen kann. An fast jeder deutschsprachigen Universität gibt es eine Akademische Burschenschaft „Gothia". Kommt aber Astérix auf seinen Auslandsfahrten über den Rhein nach Osten, so trifft er hier auf Westgoten und Ostgoten, die untereinander furchtbar zerstritten sind. Jan Sobieski, der Oberbefehlshaber des Entsatzheeres vor Wien 1683, wurde als „gotischer Mars" gefeiert, und es gibt heute noch Exilpolen, die sich auf gotische Ursprünge berufen, wie unter den Kroaten die Überzeugung nicht gänzlich ausgestorben ist, als Goten vor den Slawen auf dem Balkan seßhaft geworden zu sein. Dabei war der Begriff „gotisch" lange Jahrhunderte keineswegs positiv besetzt: Für die Franken und Franzosen verbarg sich hinter diesem Namen spanischer religiöser Übereifer oder Ketzertum. Gotisch war aber auch gleich barbarisch, zerstörerisch, kulturfeindlich. Die schreckliche Schrift des späten Mittelalters galt den Humanisten ebenso als gotisch, wie der Baustil transalpiner Kathedralen als gotisch erschreckte. Wäre nicht am Ende des 18. Jahrhunderts eine Umdeutung erfolgt und hätte nicht der Vandalismus die Stelle des Gotischen eingenommen, so gäbe es wohl heute keine positiv verstandene Gotik. Allerdings haben auf diesen Bedeutungswandel nicht zuletzt die Skandinavier und unter ihnen vor allem die Schweden eingewirkt, die sich als die reinsten Nachfahren der Goten verstanden haben, und zwar interessanterweise in Konkurrenz mit den österreichischen Habsburgern, die ihre europäische Position in der Nachfolge der gotischen Wanderungen interpretieren ließen.

Tatsächlich sind die Goten während der Völkerwanderung so gut wie überall auf römischem Boden anzutreffen: in den Balkanprovinzen, in Kleinasien, in Syrien und Palästina, in Nordafrika, Spanien, Gallien, Italien und an der Donau. In den Jahren 375 und 376 hatte der Einbruch der Hunnen sowohl die Monarchie der östlichen wie die Aristokratie der westlichen Goten zerstört. Die Folge war, daß das ganze bisher von den Goten kontrollierte Gebiet zwischen Don und den Karpaten, bald auch bis zur Theiß, den nach Westen drängenden Hunnen offenstand. Den Goten blieben – wie den meisten anderen germanisch-sarmatisch-baltischen Völkern dieses Raums – zwei Alternativen: sie wurden entweder in das Imperium Romanum aufgenommen und erhielten unter den verschiedensten Titeln die Reichangehörigkeit oder sie blieben Unterworfene der Hunnen. In beiden Fällen mußten sie ihre Heimat verlassen: die westlichen Goten und einige ostrogothische Stammessplitter lösten sich aus der hunnischen Umklammerung und fanden ab 376 Aufnahme in den römischen Balkanprovinzen. Der Großteil der Ostrogothen wurde zu hunnischen Goten, wanderte westwärts und verschmolz mit den in ihrer Heimat zurückgebliebenen Donaugoten.

Den westlichen Goten gelang am 9. August 378 bei Adrianopel die Vernichtung der oströmischen Hofarmee. Kaiser Valens fiel und mit ihm ein Großteil der Stabs- und Truppenoffiziere. Dieser Sieg an der heutigen türkisch-griechischen Grenze schien rein äußerlich den Goten-Sieg von 251 in der Nähe des heute bulgarischen Razgrad zu wiederholen, das heißt eine Schlacht, in der ebenfalls der Kaiser fiel. Die Auswirkungen Adrianopels waren aber wesentlich folgenschwerer als der Unglücksfall in der Mitte des 3. Jahrhunderts. Kaiser Theodosius, der Kaiser Valens zu Jahresbeginn 379 nachfolgte, schloß am 3. Oktober 382 den Gotenvertrag, das wohl folgenschwerste Foedus der römischen Geschichte. Mag es auch dafür Präzedenzfälle der jüngsten und jüngeren Vergangenheit gegeben haben, so verliert doch dieser Vertragsabschluß nichts von seiner epochemachenden Bedeutung. Die Goten wurden in Kernländern des Reiches als Föderaten anerkannt und bildeten in verhältnismäßig geringer Nähe zu den Hauptstädten Konstantinopel und Ravenna eigene Verfassungseinheiten, die zu „Staaten im Staat" werden mußten.


## Die Westgoten

So vielversprechend der Vertrag von 382 auch wirken mochte, die Goten kamen auch auf römischem Reichsboden nicht zur Ruhe. Ja, im Gegenteil. Die bisher königlosen Donaugoten machten wohl schon im Jahre 391 den Balthen Alarich zu ihrem König. Die antiken Quellen verwenden zwar den Königsnamen auch für außerrömische Gotenfürsten der verschiedensten Verfassungsformen. Aber das Königtum Alarichs auf römischem Boden unterscheidet sich von allen Arten des Königtums außerhalb der Reichgrenzen durch seine faktisch wie rechtlich unverzichtbare Verbindung mit einem regionalen oder sogar dem allgemeinen Heermeisteramt. Bisher hatten Barbarenkönige im Römerheer keine besondere Karriere gemacht. Alarich machte davon eine bezeichnende Ausnahme; er war nicht nur der erste Gotenfürst, sondern überhaupt der erste Germanenkönig, der Heermeister, das heißt oberster Befehlshaber, einer regulären römischen Armee wurde.

Von 378 bis 418 befanden sich diejenigen Goten, die man nun durchaus schon Westgoten nennen kann, wie das „Auserwählte Volk" auf einer vierzigjährigen Wanderung, bis sie 418 im heutigen Südfrankreich ihr Aquitanisches Königreich von Toulouse errichten durften. In diesen vier Jahrzehnten stand die Existenz des Volkes mehrmals in gefährlicher Weise auf dem Spiel, und auch so spektakuläre Erfolge wie die Einnahme Roms am 24. August 410 konnten keine wesentliche Verbesserung der Lage bringen.

Im Herbst 410 gelang Alarichs Marsch nach Süden; doch die Zeit drängte. Da bereitete die Straße von Messina ein unüberwindliches Hindernis und erzwang den Rückzug; die Wanderung ging nordwärts in Richtung Kampanien. Sicher ist, daß die Goten hier überwinterten und den afrikanischen Plan zunächst selbst dann nicht aufgaben, als Alarich noch vor Jahreswechsel in Bruttium starb. Über sein Begräbnis wird berichtet: Alarich sei bei Consentia-Cosenza im Busento beerdigt worden, nachdem man vorher das Flußbett kurzfristig umgeleitet hatte. Die Arbeitskräfte, die das Werk errichteten, seien getötet worden. Das gleiche erzählt dieselbe Quelle aber auch von Attilas Begräbnis. Die „nächtliche" Grablegung des „jungen gotischen Helden" wurde durch Platens „Grab im Busento" Bildungsgut der deutschen Romantik. Die Geschichte von der Art der Bestattung des bereits vierzigjährigen Wanderkönigs steht jedoch für die Absicht der Goten, Italien zu verlassen.

Die Nachfolger Alarichs führten die Westgoten über Gallien nach Spanien und wieder nach Südgallien zurück, wo ihnen im Jahre 418 die Aquitania II sowie einige Stadtbezirke der benachbarten Provinzen Novempopulana und Narbonensis I, deren Hauptstadt Toulouse war, übergeben wurden. Von dieser

Basis aus gelang den Westgotenkönigen die Errichtung des bedeutendsten Nachfolgestaates des Westreichs. Diese Leistung ist mit dem Namen von König Eurich (466–484) verbunden, der im ersten Jahrzehnt seiner Herrschaft ein gallisch-spanisches Regnum schuf, in dem auf einer Dreiviertelmillion Quadratkilometern ungefähr zehn Millionen Menschen lebten. Das neue Königreich übertraf das alte Föderatenland von 418 um mehr als das Sechsfache seines Umfanges. Trotzdem schied das Westgotenreich nicht aus dem Verband des Römerreichs aus, sondern setzte dieses in allen Bereichen des Lebens fort. Ja, in der Völkerschlacht auf den Katalaunischen Feldern im Jahre 451 verteidigte ein Westgotenkönig mit seinen Kriegern die Romanitas gegen Attilas Hunnenheer und bezahlte für den Sieg des Reichsfeldherrn Aetius mit seinem Leben.

Der Eurich-Sohn Alarich II. kämpfte 490 an der Seite der Ostgoten Theoderichs des Großen in Italien gegen Odoaker, wurde der Schwiegersohn des Amalers, konnte aber dem fränkischen Druck, der von der Reichsgründung Chlodwigs ausging, auf die Dauer nicht widerstehen. Bei Vouillé, auf den Vogladensischen Feldern in der Nähe von Poitiers, stießen die Heere Alarichs II. und Chlodwigs im Spätsommer 507 aufeinander. Alarich II. fiel, das Tolosanische Reich ging mit seinem König zugrunde, die gotische Staatlichkeit zog sich an die französische Mittelmeerküste und nach Spanien zurück.

In seiner hundertjährigen Geschichte wurde das Tolosanische Reich auf vielen Gebieten des politisch-rechtlichen Lebens zum Vorbild der Königreiche, die dem weströmischen Reich nachfolgten. Die tolosanischen Könige waren die ersten Barbarenfürsten, die als Gesetzgeber auftraten, deren Kodifikationen den Sieg des römischen Vulgarrechts und die endgültige Trennung von der Rechtsentwicklung des kaiserlichen Ostens bewirkten. Bereits Theoderid mußte erb- und vermögensrechtliche Bestimmungen in schriftlicher Form erlassen, die sein zweiter Sohn Theoderich erweiterte und vielleicht schon sein vierter Sohn zum berühmten Codex Euricianus ausbaute. Ob von Eurich oder erst von dessen Sohn Alarich II. kodifiziert, die epochale Leistung des Gesetzeswerkes wirkte noch als Vorbild der oberdeutschen Volksrechte des 8. Jahrhunderts, der alamannischen wie der bayerischen Lex. Der Codex Euricianus steht an Bedeutung und Nachwirkung der Bibelübersetzung Wulfilas in nichts nach.

Die große Leistung Alarichs II. sind eine Rechts- und Kirchenpolitik, der die Zukunft gehörte. Seinem Vater Eurich war es nie gelungen, die territoriale Gliederung der gallo-römischen Kirche an die westgotischen Reichsgrenzen anzugleichen. Dieses Erbe suchte Alarich II. zu überwinden. Sein Breviarium, die Gesetzgebung für seine römischen Untertanen, stand in unmittelbarem Zusammenhang mit der Einberufung des gotisch-gallischen Landeskonzils von Agde. Wie die Rechtkodifikation, so war auch diese Synode die erste ihrer Art in den römisch-barbarischen Nachfolgestaaten des Weströmischen Reiches.

## Die Ostgoten

Von den einen Quellen König der Greutungen, von den anderen König der Ostrogothen genannt, beherrschte um die Mitte des 4. Jahrhunderts Ermanerich ein riesiges Reich, dessen Kerngebiet in der Ukraine lag und von dort die Weiten des russischen Raumes bis in das Baltikum und zu den Goldbergen des Urals in mehr oder weniger loser Abhängigkeit hielt. Ermanerich gab sich selbst den Tod, als er dem Einbruch der Hunnen (375) nicht widerstehen konnte. Die Mehrheit der Ostrogothen unterwarf sich den Hunnen; doch dauerte es ungefähr noch ein Jahr, bis die letzten freien Ostrogothen entweder ebenfalls unterjocht oder abgezogen waren.

Allerdings wurde auch das von den Hunnen abhängige Volk nach Westen in Marsch gesetzt und nahm wahrscheinlich die von den Vesiern weitgehend geräumten Gebiete am linken Ufer der unteren Donau und im südlichen Siebenbürgen ein. Unter Attila (gestorben 453) zogen Ostgoten unter der Führung der Vatergeneration Theoderichs des Großen gegen Gallien und nahmen an der Völkerschlacht auf den Katalaunischen Feldern (451) teil. Einer der Verwandten Theoderichs soll den Speer geworfen haben, der den Westgotenkönig Theoderid, der auf römischer Seite unter dem Feldherrn Aetius kämpfte, tötete. Nach dem Zusammenbruch des Hunnenreichs (456/57) gelang es auch den Ostgoten, als Föderaten ins Römerreich aufgenommen zu werden und an Save und Drau ein, obgleich kurzlebiges Königreich zu gründen. Spätestens hier in Pannonien wurde der Großteil der Ostgoten Arianer. Noch in der Hunnenzeit kam Theoderich der Große im Jahre 451 zur Welt.

Zwischen seinem achten und achtzehnten Lebensjahr lebte Theoderich als Geisel am Kaiserhof zu Konstantinopel. Kurz nach seiner Rückkehr im Jahre 469 zogen die Ostgoten aus Pannonien ab und versuchten, in der Nähe Konstantinopels ein dauerhaftes Föderatenreich zu errichten. Nach dem Tod seines Vaters im Jahre 474 wurde Theoderich zum König erhoben; doch ließ der durchschlagende Erfolg lange auf sich warten. Die Jahre von 474 bis 488 sind voller Wirren und Kämpfe, voller scheinbar sinnloser Kriegszüge durch die gesamte Balkanhalbinsel, voller leerer Versprechungen und gebrochener Verträge. Am 1. Jänner 484 trat er in Konstantinopel den Konsulat an, wurde Heermeister und *patricius* und schloß im Sommer 488 mit Kaiser Zenon den folgenschweren Vertrag, wonach er Odoaker, der 476 den letzten weströmischen Kaiser gestürzt und vom italischen Föderatenheer zum König erhoben worden war, aus Italien vertreiben und dort für den Kaiser so lange herrschen sollte, bis dieser selbst ins Land käme. Dieser Vertrag bildete die Grundlage des italischen Ostgotenreichs, der glanzvollsten, obgleich wenig dauerhaften gotischen Staatsgründung.

Als Theoderich am 30. August 526 an der Ruhr starb, waren alle Versuche gescheitert, von Byzanz aus eine dauerhafte vertragliche Sicherung der amalischen Herrschaft zu erreichen. Die Folge war, daß die Nachfolger Theoderichs aus der Amaler-Familie (Amalasuintha, Athalarich, Theodahad) den Krieg mit Konstantinopel nicht verhindern konnten. Im Jahre 536 wurde Vitigis als erster Nicht-Amaler zum König gewählt, um die drohende Vernichtung der Ostgoten abzuwenden. Vier Jahre später mußte auch Vitigis sein Scheitern durch die Kapitulation vor dem kaiserlichen Feldherrn Belisar eingestehen. Der Krieg zwischen dem Reich und den Ostgoten war jedoch damit noch lange nicht beendet. Der wohl 542 zum König erhobene Totila konnte – mit Ausnahme Ravennas – fast das gesamte Herrschaftsgebiet Theoderichs zurückerobern. Aber Ende Juni, Anfang Juli 552 verlor er auf der Hochebene der Busta Gallorum Schlacht und Leben gegen die zahlenmäßig überlegenen und auch taktisch besser geführten Truppen des kaiserlichen Feldherrn Narses. Darauf folgte ein kurzes Nachspiel, das im Oktober 552 zwischen Salerno und Neapel sein Ende fand. Hier, am „Milchberg", verlor der letzte Ostgotenkönig Teja die letzte Schlacht seines Volkes gegen Narses. Die meisten Ostgoten unterwarfen sich dem kaiserlichen Feldherrn, der sie auf ihre Güter entließ, sofern sie treue Untertanen des Kaisers zu werden versprachen. Man erfährt nichts davon, daß sie ihr Versprechen gebrochen hätten. Das ostgotische Königreich erlosch und konnte nicht mehr erneuert werden; Mythos und Sage nahmen sich seiner an.

## Die Vandalen

Um 400 bildete sich unter nicht ganz geklärten Umständen ein Stammesbund aus den beiden Vandalenstämmen, den Silingen in Schlesien und den Hasdingen an der Theiß, aus pannonischen wie norddanubischen Sueben und den reiternomadischen Alanen. Nachweisbar haben nicht alle Angehörigen der genannten Stämme ihre Heimat verlassen, aus der Geiserich einmal eine Gesandtschaft von Stammesbrüdern empfing. Auch gaben die silingischen Vandalen ihren „schlesischen" Namen noch an die slawischen Einwanderer weiter. Ende 406 überschritten die Verbündeten den Rhein, im Herbst 409 drangen sie in Spanien ein. Zwei Jahrzehnte lang blieb ihnen die Pyrenäenhalbinsel ausgeliefert; die Sueben erlosten sich das westliche Galizien, wo sie ihr, bis zum Ende des 6. Jahrhunderts dauerndes Reich errichteten. Vandalen und Alanen blieben jedoch in den Kernländern und wurden auf Befehl der römischen Reichsregierung von den tolosanischen Goten immer wieder angegriffen. In richtiger Einschätzung des Kräfteverhältnisses

und in genauer Kenntnis der politischen Vorgänge im Westreich und seinen überseeischen Provinzen entschloß sich Geiserich, sein Volk nach Afrika zu führen. Dies geschah 429; sechs
Jahre später gelang der Abschluß eines Vertrags zwischen Geiserich und dem Reich, wonach die Vandalen drei der afrikanischen Kleinprovinzen zur Ansiedlung erhielten.

Im Jahre 439 überfiel Geiserich mitten im Frieden die pro-
konsularische Provinz und überrumpelte die Hauptstadt Afri-
kas, das altehrwürdige Karthago. An die 200 000 Menschen
sollen in der Stadt gelebt haben. Die Zeitgenossen weisen Karthago den zweiten Platz nach Rom zu und setzen die afrikani-
sche Metropole mit dem ägyptischen Alexandria gleich. Alle
Versuche, Geiserich aus der prokonsularischen Provinz und ihrer Hauptstadt zu vertreiben, scheiterten. Ebenso scheiterten
Adelsaufstände und die Versuche lokaler Machthaber, mit Hilfe der Berber dem Vandalenreich Paroli zu bieten. Schließlich
einigte sich Geiserich mit dem oströmischen Kaiser Leo im Jahre 474 auf ein „ewiges Bündnis". Zwei Jahre später schloß
Geiserich auch mit dem weströmischen Reich ein Abkommen,
in das Odoaker kurz darauf eintreten konnte. Als der Vandalenkönig am 24. Januar 477 starb, hatte er den Untergang des
westlichen Imperiums nur wenige Monate überlebt; sein eige-
nes Königreich schien hingegen – durch militärische Erfolge
und Verträge gesichert – für die Ewigkeit gebaut. Daß dies
nicht der Fall war, zeigt die Geschichte seiner Nachfolger, deren letzter, Gelimer (530–534), gegen die Erbfolgeordnung
Geiserichs verstieß, damit den „Ewigen Frieden" von 474
brach und Justinian I., den Kaiser, der das Römerreich mit
„Waffen und Gesetzen" wiederherstellen wollte, aufs schwerste
herausforderte. Mit 5000 Reitern und 10 000 Infanteristen se-
gelte Belisar im Sommer 533 gegen das Vandalenreich, das wie
ein Kartenhaus zusammenstürzte. Alle Schlachten gingen verloren; wenn der Untergang Gelimers sich hinauszog, dann nur
deswegen, weil die angreifenden kaiserlichen Truppen vor dem
kriegerischen Ruf der Vandalen allzu großen Respekt hatten.

# Die Burgunder

Den Sprachwissenschaftern galten die Burgunder lange Zeit als Ostgermanen; heute sind sich die Philologen dessen nicht mehr so sicher. Die Burgunder werden zwar mitunter zu den „gotischen Völkern" gezählt, wohl weil die Mehrzahl von ihnen lange Zeit Arianer war. Aber für den Gallier Sidonius Apollinaris kamen sie aus dem Land östlich des Rheins und waren daher Germanen, eine Zuordnung, die kein spätantiker Ethnograph für gotische Völker vorgenommen hätte.

Ihre geringe Zahl und der Wunsch, in Gallien heimisch zu werden, bestimmten die Burgunder, als Alternative zu den gallischen Regna eine offene Gesellschaft zu bilden. Schon im 4. Jahrhundert und noch weit vom Rhein entfernt im Inneren Germaniens waren die Burgunder davon überzeugt, mit den Römern verwandt zu sein. Wie immer man diese Geschichte verstehen mag, die Burgunder handelten danach, als sie ihr südgallisches Reich mit der Hauptstadt Lyon errichtet hatten. Sie gaben den römischen Provinzen, aus denen dieses Regnum bestand, ihren Namen. Und obwohl sie gemeinsam mit den einheimischen Großen nur drei Generationen lang die Eigenständigkeit behaupten konnten, ging die burgundische Identität nicht zugrunde, ist der Name Burgund bis heute nicht erloschen.

„Uns ist in alten maeren wunders vil geseit/von helden lobebaeren, von grôzer arebeit," so beginnt das Nibelungenlied, dessen Stoff noch um 1200 an der österreichischen Donau einen unbekannten Dichter derart fesselte, daß er die „alten herrlichen Geschichten" von der „Burgunden Not" in epische Form brachte. In der zweiten Strophe des Liedes heißt es: „Es wuohs in Burgonden ein vil edel magedîn,... Kriemhilt geheizen ..."

Als die Dichtung entstand, waren nahezu sieben Jahrhunderte vergangen, seitdem der letzte Burgunderkönig fränkischer Übermacht zum Opfer gefallen war, und fast acht Jahrhunderte, seitdem das Königsgeschlecht der Gibikungen (Nibelungen?) seinen Untergang gefunden hatte. Und dennoch war Burgund nicht bloß ein Begriff der Sage geworden, sondern eine Wirklichkeit geblieben, deren Ende um 1200 nicht abzusehen war.

Burgund wurde 534 Teil des fränkischen Merowingerreiches, bildete schon bald darauf neben Neustrien und Austrasien eines der „Drei Reiche", auf die sich die spätmerowingische Herrschaft im 7. Jahrhundert mehr und mehr reduziert hatte, und blieb eines dieser drei Kernlande, in denen sich der Aufstieg der Karolinger zum Königreich vollzog. Burgund sollte das Seine dazu beitragen, daß dem neuen Herrschergeschlecht die glanzvolle Wiederherstellung und Ausbreitung des Frankenreiches gelang, bis Karl der Große am Weihnachtstag 800 zum Kaiser gekrönt wurde.

Als die späten Karolinger ihrerseits den Weg der merowingischen Vorgänger gehen und die Herschaft an Stärkere abgeben mußten, teilten sich nicht nur das karolingische Imperium, sondern auch die burgundische Tradition und das burgundische Territorium: Das Herzogtum Burgund mit der Hauptstadt Dijon bildete eines der „territorialen Fürstentümer", der *principautés territoriales*, aus denen das westfränkisch-französische Königreich bestand. An der Rhône und der Saône breitete sich dagegen ein Königreich Burgund aus, das zwischen 888 und 1032 als selbständiges Regnum seine alte Staatlichkeit als Alternative zwischen West und Ost fortzusetzen und auszubreiten suchte. So kam es im Jahre 933 zur Vereinigung mit dem Arelat. Von nun an spricht man von Hochburgund an der oberen und von Niederburgund an der unteren Rhône. Dieses Zwischenreich umfaßte auch Arles, die letzte römische Kaiserstadt Galliens. Unter Kaiser Konrad II. 1032 das dritte Regnum des mittelalterlichen Imperiums geworden, reichte das hochmittelalterliche Königreich Burgund vom Rheinknie bei Basel bis zur Mündung der Rhône ins Tyrrhenische Meer.

Das „deutsche" Imperium konnte Burgund gegen die französische Krone nicht behaupten. Immer größere Gebiete gingen an den Westen verloren. Der Glanz Burgunds verblaßte deswegen noch lange nicht. Ja, im Gegenteil. Im 14. Jahrhundert ging sein Stern über dem französischen Herzogtum auf. Dieses hatten die jüngeren Valois zum Mittelpunkt eines Herrschaftskomplexes gemacht, der zwar sowohl vom Reich wie von der Krone Frankreichs zu Lehen ging, zugleich aber die burgundische Tradition mit der des lothringischen Zwischenreiches verband. Nun orientierte sich Burgund von der Rhône zum Rhein, vom Tyrrhenischen Meer zur Nordsee.

Burgund hieß ebenso wirtschaftlicher Fortschritt und Reichtum wie Schaukelpolitik im Hundertjährigen Krieg zwischen Frankreich und England, hieß glanzvolles Rittertum und dessen Untergang in den Schlachten von Crécy 1346 und Azincourt 1415, hieß Goldenes Vlies und Auslieferung der ‚Hexe‘ Jeanne d'Arc an die Engländer. Burgund war aber auch das Traumland, in das noch der junge Weißkunig Maximilian zog, um seine Braut Maria, die Tochter Karls des Kühnen, des letzten burgundischen Valois, zu freien und gegen die ‚Mächte der Finsternis‘ zu schützen. Und nicht zuletzt bestimmte Burgund die Politik des Maximilian-Enkels Karl V., der in vier langen Kriegen die Entlassung Flanderns aus der französischen Lehenshoheit erreichte und damit die Entstehung einer *Germania inferior*, der habsburgischen Niederlande, erkämpfte, die in den Benelux-Staaten bis in unsere Tage fortleben.

## Die Langobarden

Als die Langobarden im Jahre 568 ihre pannonische Heimat aufgaben und in Oberitalien eindrangen, vereinigten sie die Erfahrungen fast aller an der Völkerwanderung beteiligten Stämme germanischer wie nichtgermanischer Herkunft. Als Elbgermanen werden sie von den Linguisten den Westgermanen, von den Historikern den Sueben zugeordnet. Ihre Herkunftsgeschichte beginnt mit einer skandinavisch-nordgermanischen Ursprungssage. In den Ebenen Pannoniens vollzogen sie eine derart starke Akkulturation an die gotisch-reiternomadischen Formen und Gewohnheiten, daß sie Ludwig Schmidt mit gutem Grund in seine „Ostgermanen" aufnahm. Und schließlich war 568 die Zeit der großangelegten, spektakulären Wanderungen kontinentaler Germanen ein für allemal zu Ende gegangen.

Nachdem die donauländischen römischen Föderatenreiche der Sueben, Skiren, Sarmaten, der pannonischen Goten und zuletzt im Jahre 488 das der Rugier verschwunden waren, nutzten die Eruler das gentile Vakuum und dehnten ihre Macht nach allen Seiten aus. Zu den von ihnen Unterworfenen (Sklavenvölkern) zählten die böhmischen Langobarden, die zum Großteil bald nach 488 in das einstige Rugierland verlegt wurden, um die Westflanke des erulischen Herrschaftsgebiets gegen Alamannen und Thüringer zu sichern. Tatsächlich treten die ältesten archäologischen Funde, die den Langobarden in ihrer neuen Heimat zugeschrieben werden, bloß im östlichen Waldviertel und im westlichen Weinviertel auf, also genau dort, wo die Rugier gewohnt hatten. Das Material stimmt mit dem Böhmens wie Mitteldeutschlands überein und läßt thüringische Komponenten erkennen.

Um 505 dürften die Langobarden erstmals die mittlere Donau überschritten haben. Die große Wende in ihrer Geschichte ereignete sich im Jahre 508, als sie die Herausforderung ihrer erulischen Herren annahmen und erfolgreich bestanden. Die Schlacht fand vielleicht an der niederösterreichischen oder südmährischen March statt und veränderte die ethnische Zusammensetzung der Sieger, die die Erben des erulischen Herrenvolkes und dessen Königtums wurden. Gegen alle gentile Logik war aber nicht der siegreiche Heerkönig, sondern sein Brudersohn Wacho (um 510–540) der Mann, der die Gunst der Stunde nützte. Obwohl seine Residenz, wohl der eroberte Herrschaftsmittelpunkt des Erulerreichs, anscheinend weiterhin in Südmähren lag, dehnte Wacho seine Herrschaft über Pannonien zunächst nur bis zur Drau, dann, nach Zusammenbruch des Ostgotenreichs, auch bis zur Save aus. Durch Heiratsverbindungen unterhielt er beste Beziehungen nicht nur zu den geschlagenen Erulern, sondern auch zu Thüringern, Gepiden und den immer mächtiger werdenden Franken. Während seiner etwa dreißigjährigen Herrschaft hatte Wacho in den Konflikten zwischen den Großmächten der Zeit Neutralität bewahrt, isolierte Gruppen, wie die pannonischen Sarmaten und Donausueben, unterworfen und seine Langobarden zu treuen Föderaten

Konstantinopels gemacht. Sein mittelbarer Nachfolger kam aus dem, durch skandinavische Tradition bestimmten Geschlecht der Gausen (Gauten) und setzte die Politik seines Vorgängers auf allen Gebieten fort. Audoin erhielt 547/48 das gotische Pannonien zwischen Drau und Save und auch den Stadtbezirk von Poetovio-Pettau, wodurch er zu den in Norikum und Venetien stehenden Franken in Gegensatz geriet.

Nicht weniger als 5500 Langobarden nahmen als treue Föderatenkrieger an den letzten Kämpfen teil, in denen Narses das italische Ostgotenreich vernichtete. Audoins Sohn Alboin (560/61–572) war der Langobardenkönig, der mit awarischer Hilfe das gepidische Königreich zerschlug, wenig später aber im Jahre 568 eine riesige Völkerlawine, bestehend aus Langobarden, Gepiden, Sarmaten, Sueben, Sachsen, ja selbst einheimischen Romanen, nach Italien führte. Dies bedeutete den Bruch mit Byzanz, das über hundert Jahre lang keinen Vertrag mehr mit den Langobarden schloß. Es bedeutete aber auch die Spaltung Italiens in einen langobardisch beherrschten Teil und in die von den Byzantinern gehaltenen Gebiete. Und doch war es das Königtum der Langobarden, das die Entstehung einer mittelalterlichen italienischen Nation vorbereitete, das Italien zwar nicht einte, aber unbeschadet aller territorialen Verkürzungen und Abspaltungen als politische Größe erhielt. Daran änderte auch nichts die Tatsache, daß Karl der Große am 5. Juni 774 ein „König der Franken und Langobarden" wurde. Erst durch einen Vertrag schlossen sich die bloß militärisch geschlagenen Langobarden dem fränkischen König an und behielten ihre Eigenständigkeit.

### Die Franken und ihre Besonderheit

Kaiser Julian hatte in der Mitte des 4. Jahrhunderts Franken die Überquerung des Rheins und die Ansiedlung in Toxandrien, im heutigen niederländischen Nordbrabant, gestattet. Franken waren im 4. Jahrhundert in die höchsten Ämter der westlichen Militärhierarchie aufgestiegen, doch nennt schon ein pannonischer Grabstein des 4. Jahrhunderts den Toten: *Francus ego, cives, Romanus miles in armis*, „Franke bin ich als Bürger, römischer Soldat in Waffen" (CIL III 3567). Daher war es auch kein Wunder, daß Chlodwigs Vater als römischer General begraben wurde, als er 481/82 starb. Mehr als 200 römische Goldstücke lagen in seinem Grab; sie trugen auch die Prägestempel des Ostkaisers Zenon (476–491). Chlodwig kam mit 16 Jahren zur Herrschaft; er hatte vom Vater nicht nur das salfränkische Königtum von Tournai, sondern auch die Verwaltung der Römerprovinz Belgica II übernommen. Allerdings gab es im Süden der Provinz mindestens zwei Konkurrenten, den Salierkönig von Cambrai und Syagrius von Soissons. Dieser war seinem Vater, dem gallischen Heermeister Aegidius, mehr als Römerkönig denn als magistratischer Beauftragter Roms in einem Gebiet gefolgt, das sich als Pufferstaat zwischen dem gotischen Großreich und den fränkischen Regna bis 486 halten konnte. In diesem Jahr eroberte Chlodwig das Syagrius-Reich, nachdem er sich anscheinend vorher schon Lorbeeren gegenüber den Bretonen erworben hatte. Von nun an nahm die enorme Ausbreitung der Königsmacht Chlodwigs, der ursprünglich nur ein salfränkischer Teilkönig war, ihren gleichsam unaufhaltsamen Weg. Die Alamannen wurden 497 vernichtend geschlagen, worauf Chlodwig Katholik wurde, also den Glauben der Mehrheitsbevölkerung Galliens annahm. Vom Angriff gegen die Burgunder konnte Theoderich seinen Schwager noch zurückhalten, aber dessen großen Gotenkrieg von 507 nicht verhindern. Dem Sieger Chlodwig und seinen unmittelbaren Nachfolgern gelang es, das einstige westgotische Königreich zwischen Loire und den Pyrenäen bis auf den septimanischen Küstenstreifen zu gewinnen. Bereits nach Vouillé – im Jahre 508 – erhielt Chlodwig dafür die Anerkennung aus Byzanz. Zwischen den einzelnen Eroberungskriegen nach außen schaltete Chlodwig mit großer Konsequenz alle fränkischen Könige aus und schloß deren Gebiete seinem Königreich an. Als er 511 starb, folgten ihm vier Söhne, die die Expansionspolitik ihres Vaters in Gallien wie in Germanien fortsetzten. Man könnte es eine Ironie der Geschichte nennen, daß die Franken von ihrer gallo-römischen Basis aus dazu imstande waren, was den Römern selbst auf dem Höhepunkt ihrer Machtentfaltung nicht gelang, nämlich die dauerhafte Besitzergreifung der Gebiete östlich des Rheins.

Jean-Pierre Bodmer – und man meint förmlich die Sprache des ordnungsliebenden Schweizers zu hören – bemerkte 1957: „Die Staatsschöpfung der Franken vermag kaum zu begeistern. Statt großer Leitgedanken finden wir eine Wirrnis von Provisorien und Aushilfen, Ungenügen und Unordnung überall. Man könnte sich darüber Gedanken machen, weshalb gerade dieses Reich in seiner Mediokrität die Stürme des frühen Mittelalters überleben konnte. Eines wird man ihm nicht absprechen dürfen: die Lebenstüchtigkeit, die es trotz aller wirklichen und vermeintlichen Dekadenz bewies."

Tatsächlich besaßen alle barbarisch-römischen Reiche zwei Grundvoraussetzungen, mögen sich diese auch als „Provisorien und Aushilfen, Ungenügen und Unordnung" dargestellt haben: zum einen das Heerkönigtum vorwiegend germanischen Ursprungs, zum andern die vielfältig gegliederte, auf Schriftlichkeit und Gesetzlichkeit beruhende römische Verwaltung. Daraus ergab sich die Verbindung von römisch-magistratischen mit germanisch-herrschaftlichen Strukturen. Allerdings kam das persönliche Element der Machtausübung nicht bloß aus der germanischen Tradition, sondern hatte auch im Regiment der spätantiken Heerkaiser seine Wurzeln. Wie in den Reichen der Westgoten und Burgunder bildete auch in denen der Franken die Einheit der Territorialgliederung der Stadtbezirk, die antike Civitas. Ob aber Franken, Goten, Vandalen oder Burgunder, sie alle bedienten sich persönlicher Beauftragter, Comites, mit denen sie – gleich den spätantiken Kaisern – in den bürokratischen Instanzenzug eingriffen und ihn überwachten.

In Friedenszeiten war ein Comes in erster Linie für seinen Stadtbezirk zuständig. Nach der Mitte des 5. Jahrhunderts hatten vor allem die westgotischen Eroberungen gewaltige Ausmaße angenommen, die neue Organisationsformen bedingten. Nun bestand das Reich von Toulouse nicht nur mehr aus vielen Stadtbezirken, sondern aus ganzen römischen Provinzen. Die meisten von ihnen waren aber bereits von der römischen Reichsverwaltung als Dukate, Militärbezirke, organisiert worden, um die Ausbreitung von Goten und anderen Barbaren zu verhindern. Nun wurden die vorgegebenen römischen Institutionen, nicht selten sogar samt ihren Amtsinhabern, Duces, dem Westgotenreich eingegliedert.

Auf diese Weise gab es schon am Ende des 5. Jahrhunderts einen Dux provinciae, der aber nichts anderes als ein Comes war, der von einer bestimmten Stadt aus größere Einheiten befehligte. Mit der Ausbreitung des merowingischen Frankenreichs über das römisch-gotisch-burgundische Gallien wurde diese Ordnung in den eroberten Gebieten übernommen. Allerdings verstärkte sich – von Norden nach Süden Galliens vordringend – die Bedeutung des Dux als eines bald über dem Comes stehenden Befehlshabers, der wegen seiner möglichen königgleichen Machtfülle kein bloßer Mandatsträger des Frankenkönigs blieb. Eine ähnliche Differenzierung muß sich auch im westgotischen Spanien vollzogen haben, da die Rechtsquellen des 7. Jahrhunderts die Möglichkeit vorsahen, vom Gericht des Comes an das des Dux zu appellieren, und das gotische Gallien als Dukat galt. Vollends verschwand der Comes civitatis im italischen Langobardenreich, wo bereits ab der Einwanderung im Jahre 568 – wohl in Analogie zur aktuellen byzantinischen Ordnung – überall Duces eingesetzt wurden; eine Ordnung, die in manchen Gebieten selbst die Eroberung des Langobardenreichs durch Karl den Großen um eine, ja zwei Generationen überlebte.

Jedenfalls bildete der Comes civitatis eine wichtige verfassungsgeschichtliche Brücke zwischen Spätantike und Mittelalter. Aus diesem Comitatus entwickelten sich die Funktionen der mittelalterlichen Herzöge und Grafen. Wie zäh sich jedoch die Ursprünge hielten, zeigt die Tatsache, daß mit der karolingischen Restauration Dux und Comes wieder austauschbar wurden, daß daran anschließend bis an den Beginn des Hochmittelalters jeder Dux grundsätzlich auch ein Comes war. Dabei betonte der Dux mehr und mehr das königgleiche Element der selbständigen militärisch-politischen Führung einer gentil benennbaren Territorialeinheit, eben den „Heer-zog", während der Comes, dem um 700 ein bisher untergeordneter fränkischer Gerichtsbeauftragter namens Grafio gleichgesetzt wurde, im Regelfall als regionaler Stellvertreter des Königs wirkte. So weit die Grafschaftsverfassung durchgesetzt werden konnte, so weit reichte das Frankenreich. Wo die Grafschaften fränkischen Typs aufhörten, endete die Frankisierung Europas.

Der Comes-Graf war im wesentlichen für eine Dreiheit von königlichen Funktionen zuständig: für das Heer- und Polizeiwesen, für die Ablieferung der Abgaben und das Gerichtswesen. Vor allem die beiden zuletzt genannten Aufgaben setzten freilich in der Merowingerzeit noch ein erstaunliches Maß an Schriftlichkeit voraus.

Zum Wesen dieser Schriftlichkeit zählte auch die Anerkennung der vorhandenen römisch-gotisch-burgundischen Rechtsaufzeichnungen wie die mit der Lex Salica beginnende Verschriftlichung der fränkischen „Volksrechte" bis hin zu denen der Alamannen und Bayern. Die Eroberung Galliens wäre aber nicht dauerhaft geblieben, wenn es nicht den Merowingerkönigen gelungen wäre, die reichen kaiserlichen Domänen – Schätzungen geben für Gallien bis zu zweistellige Prozentzahlen von Grund und Boden an – nicht bloß als Eigentum zu erklären, sondern auch tatsächlich in Besitz zu nehmen und zu nutzen. Diesem Zwecke diente eine in der Hofverwaltung konzentrierte Administration; die Quellen sprechen von den Maiores domus, Hausmeiern, und den Domestici, Domänenverwaltern. Schließlich setzte die merowingische Steuerpolitik die der Römer, Goten und Burgunder fort, mag es dabei auch zu manchem Unfall gekommen sein. Die Franken waren der Meinung, daß sich Steuerzahlen für sie nicht schicke und brachten königliche Finanzminister, die sie vom Gegenteil überzeugen wollten, um; doch wurde dadurch der Fortbestand des spätantiken Steuerwesens nicht wesentlich beeinträchtigt.

Die Franken gingen bei den Goten in die Lehre, wenn es um die Rechtsinstitute der Verwahrung, Leihe, von Kauf und Schenkung, um die so wichtige Einrichtung des Testaments wie des verzinslichen Darlehens und den Gebrauch von Urkunden ging. Allerdings ist die merowingische Königsurkunde, die „Mutter der europäischen Herrscherurkunde", ungleich besser als das gotische Material überliefert. Für beide gilt jedoch, daß nicht die kaiserlichen Reskripte, sondern die Urkunden der gallischen Hochbürokratie zum Vorbild genommen wurden. Damit stimmt überein, daß die Manifestationen des barbarisch-römischen Königtums nicht den kaiserlichen Triumph, sondern die Selbstdarstellung erfolgreicher Provinzgeneräle fortsetzten, wofür Chlodwigs Siegesfeier im Tours des Sommers 508 ein beredtes Zeugnis ablegte.

Auf der Suche nach der fränkischen Besonderheit wird man am ehesten bei Chlodwigs katholischer Taufe fündig, die der König am Weihnachtstag entweder 498 oder im Jahr darauf in der Bischofsstadt des Remigius von Reims empfing. Schon zwei Generationen später wurde Chlodwig als neuer Konstantin gesehen, galt seine Bekehrung als Wiederholung des Beispiels, das die Legende des großen Kaisers überlieferte. Die Entscheidung Chlodwigs für den Glauben der römischen Mehrheitsbevölkerung seines Herrschaftsgebiets und gegen den Arianismus der anderen germanisch-römischen Könige wirkte weit darüber hinaus. Schon der Zeitgenosse Avitus, Metropolit von Vienne, erkannte die Möglichkeiten, die in Chlodwigs Entscheidung angelegt waren: „Euer Glaube ist unser Sieg." „Griechenland erfreut sich jetzt nicht mehr allein eines katholischen Herrschers" (Avitus, Epistulae ad diversos n. 46), so lauteten die prophetischen Worte des ersten Bischofs im Reich der vorwiegend arianischen Burgunder. Ohne der Überlieferung kritiklos zu folgen, hat man die Bekehrung Chlodwigs in erster Linie der Überzeugungskraft seiner Königin Chrotechilde zuzuschreiben. Der Sieg über die Alamannen 496 oder 497 mag dabei als auslösendes Ereignis gewirkt haben. Das Resultat war die Kirchenherrschaft des Frankenkönigs.

Wie ein halbes Jahrzehnt zuvor Alarich II. das erste gotisch-gallische Landeskonzil einberufen hatte, so trat 511 auf Befehl des Frankenkönigs die erste fränkische Synode zusammen. In Orléans versammelten sich die katholische Bischöfe des Frankenreichs. Damals wurde bereits über arianische Geistliche verhandelt, die nach der Eroberung Aquitaniens durch die Franken zum Katholizismus übertraten. Der Theorie nach wurden die Bischöfe „mit Willen des Königs gemäß der Wahl von Klerus und Volk" vom jeweiligen Metropoliten eingesetzt. Chlodwig fand jedoch bei mehreren Bischofsernennungen, daß dazu sein Wille vollauf genüge. Damit war der Weg zur Entstehung einer einheitlichen gallischen Landeskirche gewiesen, die schon in ihrer spätantiken Blütezeit große Ausstrahlungs- und Anziehungskraft besessen hatte. Aber die gallische Kirche behielt nicht ihre hohen Standards, Irland setzte die Entwicklung seines eigenständigen Christentums fort, die Angelsachsen wurden direkt von Rom oder eben von Irland aus missioniert, und die Ausbreitung des Christentums im Osten und Südosten des Frankenreichs geriet überhaupt ins Stocken. Ja, das Heidentum blieb bis tief nach Gallien hinein erhalten. Das weltgeschichtlich bedeutsame Bündnis zwischen dem Papsttum und den Karolingern war durch Chlodwigs Entscheidung jedenfalls nicht vorherbestimmt.

War also das Besondere an den Franken doch ihre „Volkssiedlung", ihr Menschenreichtum, der sie trotz aller Rückschläge, Verluste und Niederlagen immer wieder die letzte Schlacht gewinnen ließ?

Die zahlenmäßige Stärke der fränkischen und damit germanischen Siedlung im Norden des heutigen Frankreichs steht außer Zweifel. Die Zeugnisse der Namenkunde und der Archäologie sprechen eine klare Sprache. Aber damit ist heute, da uns selbst ein noch so „human" verbrämter Nationalismus abstößt, wenig oder gar nichts erklärt. Lassen wir daher die Situation in den anderen Nachfolgestaaten des römischen Westreichs Revue passieren, um vielleicht so der fränkischen Besonderheit auf die Spur zu kommen:

Auch die Langobarden, die nach Italien zogen, dürften ihre gotischen Vorgänger an Zahl beträchtlich übertroffen haben und konnten dennoch den Franken nie auf Dauer den Rang ablaufen. Dabei haben die aus Pannonien in Norditalien eindringenden Föderaten vor den Westalpen nicht haltgemacht, sondern sind sehr bald nach 568 auch bis Gallien vorgestoßen.

Ein Unterfangen, das freilich eine Reihe fränkischer Gegenschläge provozierte und den Langobarden wie ihrer Staatlichkeit nicht besonders gut bekam.

Die Angelsachsen fielen als Konkurrenten aus; die Aufspaltung ihrer politischen Ordnung konnte auch die zunehmende kirchliche Einheit nicht überwinden. Wenn der Merowinger Charibert I. (gest. 567) seine Tochter Bertha an Aethelbert verheiratete, dann bedeutete dies eine Auszeichnung für den König von Kent, war aber keine politische Notwendigkeit für den Frankenkönig. Die Sachsen von Bayeux, von der Loire- und Garonne-Mündung waren längst schon Teile des Exercitus Francorum geworden; man hört nicht das Geringste von einer Kollaboration mit ihren Stammesgenossen jenseits des Kanals.

Der skandinavische Norden, wozu man wohl vor der Karolingerzeit auch die Altsachsen und Friesen zählen muß, verharrte in seiner kleinräumigen heidnischen Welt. Die Nordleute konnten zwar die Grenzgebiete schädigen und verheeren, stellten aber für das Frankenreich ebenso wenig eine Bedrohung dar wie der awarisch-slawische Osten, mit dessen Angriffsspitzen man bezeichnenderweise an Elbe und Enns, also ebenfalls in den äußersten Randgebieten des Reiches, zu tun bekam.

Dann gab es Byzanz. Selbst auf dem Höhepunkt der Macht Justinians I. (gest. 565) blieben die Franken außerhalb der militärischen Möglichkeiten Konstantinopels. Die Merowinger fühlten sich zwar trotzdem bedroht: „Sie hielten nämlich ihren Besitz Galliens so lange nicht für sicher, als der Kaiser (Justinian I.) ihre Ansprüche nicht mit Brief und Siegel approbiert hätte." (Procopius, De bell. Goth. III 33, 4). Eine bezeichnende Aussage Prokops angesichts der Tatsache, daß Kaiser Anastasius I. bereits im Jahre 508 Chlodwigs „Befreiung Galliens" vom Joch der Arianer sehr wohl anerkannt hatte. Tatsächlich haben die Franken gegen Justinians Truppen nur in Italien gekämpft, und dann mehr zufällig als gezielt; erst Justinians Nachfolger sollten, wenn auch vergebens und bloß mit diplomatischen Mitteln, versuchen, in Gallien wieder Fuß zu fassen.

Blieben die Goten in Südgallien und auf der Iberischen Halbinsel. Man hatte sie oftmals besiegt und war auch von ihnen besiegt worden. Man hatte Heiratsbündnisse geknüpft und diese Verträge schmählich gebrochen. Man hatte sie wegen ihrer arianischen Irrlehre verketzert und beschimpft, aber die „leyenda nera" auch dann nicht überprüft und ihre Verbreitung eingestellt, als die alten Gegner 589 zum Katholizismus übertraten und ihre Rechtgläubigkeit mit der hundertfünfzigprozentigen Übertreibung von Neubekehrten zu vertreten begannen. Aber eine echte Bedrohung bedeutete das Reich von Toledo nicht. Es konnte zwar geschehen, daß Franken in innergotische Konflikte, wie den von 673, verwickelt wurden, als Spanien seine aufständische gallische Provinz unterwerfen mußte; aber selbst in diesem Fall überstiegen die Auseinandersetzungen nicht die Formen eines Grenzkrieges. Noch die Katastrophe von Arcos de la Frontiera am 23. Juli 711 könnte als Episode in einem westgotischen Bürgerkrieg gelten, wenn nicht den Kontrahenten dabei ihr Reich abhanden gekommen wäre. Als die von Arabern geführten Berber noch vor der völligen Unterwerfung der Iberischen Halbinsel weitermarschierten, die gotische Languedoc einnahmen und schon 721 in Aquitanien einfielen, sind sie durch Karl Martell und seine *Europeenses* im Jahre 732 bei Poitiers schwer, obgleich nicht vernichtend, geschlagen worden. Die Franken waren aber für sich und die Welt, für Konstantinopel und Rom, die Heidensieger schlechthin geworden, ja, sie hatten Europa gegen den Orient verteidigt.

So ist es zur fränkischen Gestaltung Europas gekommen, und zwar nicht nur des Westens und der Mitte des Kontinents, weil im lateinischen Frühmittelalter die fränkische Staatlichkeit konkurrenzlos übrigblieb. Im Vergleich zu den anderen Königreichen erfolgte im Regnum Francorum das trotz aller Rückschläge und Mißgriffe ausreichende Zusammenwirken von entsprechendem Handeln und geschicktem Nutzen günstiger Umstände. Dauerhaft blieb eine relative Einheit erhalten, die trotz aller Teilungen und des Niedergangs der Merowinger, trotz der Kämpfe in den Kernlanden und der Abspaltung der Außendukate bewahrt wurde. Allenthalben kann man feststellen, daß die fränkische Führungsschicht zwar nicht ein ideales Einheitsbewußtsein auszeichnete, daß sie sich aber in einem wohlverstanden Interesse mehrheitlich für die Erhaltung des Großen Raums entschied. Das gilt nicht bloß für die Vertreter der kirchlichen Reform und Organisation, sondern auch für diejenigen, keineswegs abgeschlossenen Gruppen, die regional und überregional zugleich verankert waren. Diese Gruppen akzeptierten die numinos überhöhte Monopolisierung des Königtums zuerst durch die „langhaarigen" Merowinger, dann durch die gesalbten Karolinger. Die karolingisch-fränkische Gestaltung Europas ging über das merowingische Vorbild in mehrfacher Weise hinaus; vor allem kam es zur ernsthaften Missionierung Nord- und Osteuropas. Diese Mission wäre jedoch ohne die Angelsachsen undenkbar gewesen.

## Die Angelsachsen

Das römische Britannien von der Kanalküste bis zur Linie Newcastle-Carlisle bildete eine Diözese mit vier oder fünf Provinzen, die während des 5. und 6. Jahrhunderts zu Ländern von einheimischen wie fremden Königen und Völkern wurden. Die Unfähigkeit Ravennas, seine überseeischen Provinzen zu verteidigen, wurde um 400 nur allzu deutlich. Die betroffenen Provinzialen und Militärs schritten daher zur Selbsthilfe und unterstützten einheimische Usurpatoren. Im Jahre 410 forderte der legitime Westkaiser die britischen Städte auf, sich von nun an gegen innere wie äußere Feinde selbst zu verteidigen. Im Jahre 429 erfolgte der erste Einfall einer Koalition aus Pikten und Sachsen in Britannien. Sie wurden durch ein Wunder zurückgeschlagen. Auf die Dauer konnte man sich aber darauf nicht verlassen. Wie die Städte in den gleichzeitigen kontinentalen Königreichen die administrativen Grundeinheiten bildeten und die kuriale Steuer für die Erhaltung der Föderatenkrieger herangezogen wurde, so bedienten sich die Briten grundsätzlich derselben Organisationsformen. Auch nahmen sie wie die Gallier diejenigen Barbaren als Föderaten unter Vertrag, die ihnen als Gegner bisher am meisten zu schaffen gemacht hatten und daher auch am besten vertraut waren. So wirken die Sachsen in Britannien wie die Goten, Burgunder und Franken in Gallien.

Es war sicher keine punktuelle Entscheidung, die Germanen nach Britannien brachte. Schon lange bevor die Insel ihre Zugehörigkeit zum Römerreich für beendet erklärte oder erklären mußte, dienten hier germanische Krieger ebenso in der regulären Armee wie in irregulären Einheiten der verschiedensten Art. Schon die Kohorten der Bataver, die den Aufstand des Jahres 69 entfachten, wurden aus Britannien zurückbeordert. Vor allem waren sächsische Seefahrer während des 4. Jahrhunderts zu einer derartigen Bedrohung der gallischen wie britannischen Küste geworden, daß man auf beiden Seiten des Kanals das System des *litus Saxonicum*, der befestigten Sachsenküste, eingerichtet hatte. Wie nach ihren ersten britischen Unternehmungen setzten sich sächsische Abteilungen an den großen Flußmündungen Galliens von der Seine bis zur Loire fest. Die Sachsen, die sich in Britannien niederließen, kamen daher nicht alle von weit her über die Nordsee, sondern auch von der anderen Seite des Kanals. Das gilt auch für die mitziehenden Franken, die vor allem den Landekopf Kent aufsuchten, und für die ebenfalls westgermanischen Friesen. Die Mehrheit der fremden Germanen waren aber Angeln, Sachsen und Jüten aus dem heutigen Norddeutschland und Dänemark. „Ihre ersten Heerführer sollen die beiden Brüder Hengist und Horsa gewesen sein, von denen Horsa nachher in einer Schlacht von den Briten getötet wurde." (Beda, Historia ecclesiastica gentis Anglorum I 12). Das Brüderpaar Hengist und Horsa, „Hengst und Pferd", die Ur-Urenkel des Kriegsgottes Wodan, waren die sagenhaften Heerkönige derjenigen Völker gewesen, die als erste in Kent an Land gingen. Das Doppelkönigtum mutet höchst archaisch an und scheint wie die griechischen Dioskuren einem Pferde-Totemismus verbunden gewesen zu sein.

Bestand zwischen dem britischen und dem sächsischen Britannien institutionell kein großer Unterschied, da es auf beiden Seiten zahlreiche Königreiche gab, so konnte im religiös-kulturellen Bereich der Gegensatz nicht größer sein: Die Briten waren Christen; die Angeln, Sachsen, Jüten und andere Barbaren dagegen Heiden. Im Juli 598 schrieb Papst Gregor I. an den Patriarchen von Alexandrien: „Beim letzten Weihnachtsfest wurden mehr als 10 000 Angeln, wie man hört, getauft." Unter der Führung des heiligen Mönches Augustinus hatten zahlreiche Missionare den Wunsch des Papstes erfüllt und die Bekehrung der Angelsachsen begonnen. Von tiefer Weisheit künden die Missionsgrundsätze, die der große Papst für seinen Mitbruder nach dessen Einsetzung als Bischof von Canterbury entwikkelte:

„Nach langer Überlegung habe ich in der Frage der Angeln entschieden, daß deren Götzentempel keineswegs zerstört werden sollen, sondern bloß die Götzen, die sie dort aufgestellt haben. Nimm geweihtes Wasser und besprenge damit das Innere dieser Tempel, baue darin Altäre mit Reliquien. Wenn nämlich diese Tempel gut gebaut sind, dann müssen sie unbedingt aus einer Stätte der Verehrung zu einem Platz gemacht werden, wo dem wahren Gott gedient wird. Sobald aber diese Leute sehen, daß ihre Tempel nicht zerstört werden, werden sie umso leichter dazu fähig sein, den Irrtum aus ihren Herzen zu verbannen, und umso eher bereit, zu ihren vertrauten Plätzen zu kommen, um nun den wahren Gott anzuerkennen und zu verehren. War es bisher ihre Gewohnheit, Rinder als Opfer für die Dämonen zu schlachten, so sollte ihnen als Ersatz dafür weiterhin Gelegenheit zu festlichen Feiern geboten werden. Daher laß sie am Tag der Kirchweihe oder des Festes der heiligen Märtyrer, deren Reliquien dort aufbewahrt werden, Laubhütten um die in Kirchen umgewandelten Tempel errichten und religiöse Feste feierlich begehen. Sie sollen kein Vieh dem Teufel opfern, sondern sie sollen Tiere für sich selbst zur Ehre Gottes schlachten und dafür dem Spender aller Dinge für seine übergroße Vorsorge danken... So sollen sie mit geänderten Herzen einen Teil des Opfers hinwegtun, den anderen aber behalten; obwohl es die gleichen Schlachttiere sind, die sie für gewöhnlich geopfert haben, sind es nicht mehr dieselben heidnischen Opfer, da die Leute sie dem wahren Gott und nicht Götzen darbringen." (Beda, Historia ecclesiastica gentis Anglorum I 30).

Aethelbert von Kent (560–616), der sich als Ur-Urenkel Hengists, des Ur-Urenkels Wodans, wußte, wurde als erster angelsächsischer König getauft und erlaubte die Errichtung des ersten Bischofssitzes zu Canterbury, dessen Inhaber heute noch das Oberhaupt der Anglikanischen Kirche ist. Die so erfolgreich begonnene Mission blieb nicht ohne schwere, ja schwerste Rückschläge; aber die nächste Generation erlebte bereits um die Mitte des 7. Jahrhunderts Bekehrung und Taufe der meisten Könige von England. Die Kräfte, die das große Werk, wenn schon nicht überall der ersten Christianisierung und Missionierung, so doch der Verchristlichung Englands wie des Kontinents vollbrachten, waren nicht zuletzt irische Pilger, die keltischen Söhne des heiligen Patrick, die außerhalb des Römerreiches zu Christen geworden waren. Ihnen verdankten viele rebarbarisierte und ins Heidentum zurückgesunkene Gebiete des ehemaligen Westreiches unendlich viel. Iren und Angelsachsen blieben nicht auf ihren Inseln, sondern zogen – die Kelten zuerst – auf den Kontinent, in das fränkische Gallien wie in die Germania jenseits des Rheins, um dorthin das Christentum zu bringen, die neue Lehre zu verinnerlichen oder wieder zu beleben und schließlich eine dauerhafte Kirchenorganisation zu schaffen.

# Schlußwort

Das Zusammenwirken angelsächsisch-irischer Spiritualität und fränkischer Rationalität gestaltete in hohem Maße das für die Zukunft Europas entscheidende 8. Jahrhundert. Für viele Namen sei genannt Winfried-Bonifatius, der mächtige Heilige aus Wessex, zwar nicht „Apostel der Deutschen", dafür aber Organisator und Reorganisator der germanischen, das heißt ostrheinischen und bayerischen Kirche, Gründer von Fulda und Mainz, der 751 Pippin zum fränkischen König salbte und 754 bei den heidnischen Friesen den Märtyrertod fand. Sein Wirken in der Gallia und Germania, wie er selbst die fränkischen Großländer nach antikem Vorbild nannte, ist aus der Entstehungsgeschichte des „neuen", des karolingischen Frankenreiches nicht wegzudenken. Von hier aus wurde auch der skandinavische Norden sowie der slawisch-baltische Osten des Kontinents missioniert. So haben die Angelsachsen aus ihrer Verbindung mit Rom und in Kontakt wie Konfrontation mit den Iren viele Germanen zu Christen gemacht, die Franken machten sie zu Europäern.

# Die Quellen

Griechische und lateinische Quellen zur Frühgeschichte Mitteleuropas (Hg. Joachim *Herrmann*, Schriften und Quellen der Alten Welt 37, 1–4, Berlin 1988/90/91/92). Diese vier Bände – zur Wertung siehe unten Literaturverzeichnis, *Die Germanen* – enthalten alle, die Germanen betreffenden Schriftsteller der antiken Autoren in Originalsprache wie in deutscher Übersetzung, und zwar von Homer bis Plutarch (Bd. 1), Tacitus, Germania (Bd. 2), von Tacitus bis Ausonius (Bd. 3), von Ammianus Marcellinus bis Zosimos (Bd. 4). Damit sind die Quellen bis zum Ende des 5. Jahrhunderts erschöpfend behandelt. Es fehlen die Gotengeschichte des Jordanes, Gildas und Nennius über die Angelsachsen und Briten, Gregor von Tours über die Franken, Beda Venerabilis über die Angelsachsen, Paulus Diaconus über die Langobarden, Widukind von Corvey über die Altsachsen. Dazu siehe vor allem Wilhelm *Wattenbach*/Wilhelm *Levison*/Heinz *Loewe*, Deutschlands Geschichtsquellen im Mittelalter. Vorzeit und Karolinger Bd. 1-6 (Weimar 1952/53 bis 1990).

# Literaturverzeichnis

Das Literaturverzeichnis wird als eine stark auswählende, vor allem weiterführende Literatur behandelnde *bibliographie raisonnée* gegeben.

*The Anglo-Saxons* (Hg. James Campbell, Oxford 1982). Die Zahl der Bücher über die Angelsachsen ist zwar in englischer oder französischer Sprache unübersehbar, auf deutsch gibt es jedoch nichts Vergleichbares. Anton *Scharer*, Wien, soll diese Lücke in einem Band für die Beck-Reihe „Frühe Völker" demnächst schließen.

Anton, Hans Hubert: *Burgunden*. Reallexikon der germanischen Altertumskunde 4 (Berlin/New York [2]1981) 235 ff. Obwohl es sich bei dieser Schrift „nur" um einen Artikel für ein Reallexikon handelt, ist sie derzeit die beste Darstellung des Gegenstandes, und zwar trotz oder gerade wegen des umfangreichen Buches von Odet *Perrin*, Les Burgondes (Neuchâtel 1968).

Birkhan, Helmut: *Germanen und Kelten bis zum Ausgang der Römerzeit* (Sitzungsberichte der Österreichischen Akademie der Wissenschaften, phil.-hist. Kl. 272, Wien 1970). Eine unentbehrliche philologische Untersuchung durch einen Autor, der sowohl als Germanist wie Keltist hervorragend ausgewiesen ist.

Bodmer, Jean-Pierre: *Der Krieger der Merowingerzeit und seine Welt* (Geist und Werk der Zeiten 2, Zürich 1957). Ein nüchternes, verläßliches, gut lesbares Buch zum Thema.

Courtois, Christian: *Les Vandales et l'Afrique* (Paris ²1955). Diese hervorragende und bisher unerreichte Darstellung der vandalischen Geschichte wurde vor und unabhängig von den Überlegungen von Reinhard Wenskus (siehe unten) von einem Mann geschrieben, der leider sehr früh gestorben ist.

Demandt, Alexander: *Die Spätantike. Römische Geschichte von Diocletian bis Justinian, 284–585 n. Chr.* (Handbuch der Altertumswissenschaften III/6, München 1989). Die nicht nur in deutscher Sprache modernste und beste Darstellung der spätrömischen Geschichte, die als Gegenüberstellung zu den Geschichten der Germanenstämme von ganz großem Wert ist, obwohl sie den barbarischen Phänomenen wie Ereignissen nicht immer gerecht wird.

– *Die westgermanischen Stammesbünde. Klio* 75 (1993) 387 ff. Überaus wichtige, im einzelnen noch zu diskutierende Studie über die Entstehung der westgermanischen Stammesverbände.

– *Klassisches Altertum, Spätantike und frühes Christentum.* Adolf Lippold zum 65. Geburtstag gewidmet (Würzburg 1993) 263 ff. Eine kurze, aber ungemein aufschlußreiche und wertvolle Darstellung der spätantiken Wirtschaft und Politik und der wechselseitigen Abhängigkeit der beiden Bereiche.

Diesner, Hans-Joachim: *Vandalen.* Real-Enzyklopädie der Klassischen Altertumswissenschaften Suppl. X (1965) col. 957 ff. siehe Courtois.

Dobesch, Gerhard: *Zur Ausbreitung des Germanennamens.* Pro arte antiqua. Festschrift für Hedwig Kenner (Sonderschriften des Österreichischen Archäologischen Instituts 18, 1, Wien 1982) 72 ff. Dieser Beitrag ist derzeit die beste historische Darstellung zum Thema.

Ewig, Eugen: *Die fränkischen Teilungen und Teilreiche (511–613).* Beihefte der Francia 3, 1 (München/Zürich 1976) 114 ff.

– *Die fränkischen Teilreiche im 7. Jahrhundert (613–714).* Ebd. 172 ff. Der Bonner Emeritus ist der Doyen der deutschen Franken- und Merowingerforschung, der leider nie das große Franken-Buch geschrieben hat (siehe Erich Zöllner).

*Die Germanen. Geschichte und Kultur der germanischen Stämme in Mitteleuropa Bd. 1 und 2* (Hg. Bruno Krüger. Veröffentlichungen des Zentralinstituts für Alte Geschichte und Archäologie der Akademie der Wissenschaften der DDR 4, 1 und 2, Berlin 1983). Diese beiden umfangreichen Bände wie die vier Quellenbände (siehe Quellen) stellen gleichsam das „Abschiedsgeschenk" der DDR-Germanenforschung dar. Vor allem archäologisch ausgerichtet, haben die von Joachim *Herrmann* geführten „Kollektive" Forschungsergebnisse mitgeteilt, die die ganze Misere der einstigen Situation vor Augen führen. Es wurde einerseits ausgezeichnete Wissenschaft betrieben, die den internationalen Vergleich keineswegs zu scheuen hat. Andrerseits waren den einzelnen Wissenschaftlern ideologische Beschränkungen auferlegt, die den Außenstehenden vor wie nach der Wende geradezu lächerlich anmuteten: So durften für die DDR-Forschung die Goten nicht vorkommen, weil sie sich unterstanden haben, Territorien zu besetzen, auf denen nun sozialistische Bruderländer existierten. Dazu mußten immer wieder Zitate von Friedrich Engels eingestreut werden, dessen Germanen-Bild zutiefst der deutschen Romantik und der Germanen-Verherrlichung des deutschen Idealismus verpflichtet ist. So drängt sich, was sicher nicht von dem Autoren-Kollektiv beabsichtigt war, der Vergleich zwischen Engels und Orosius, dem historischen Kärrner des heiligen Augustinus, auf, wobei auch letzterer und Marx nicht unbedingt in einem Atemzug genannt werden sollen. Wer aber alle diese Abstriche macht, muß ehrlich gestehen, daß es in deutscher Sprache keine, diesem zweibändigen Handbuch vergleichbare moderne Arbeit gibt.

Geary, Patrick: *Before France and Germany. The Creation and Transformation of the Merovingian World* (New York/Oxford 1988). Dieses bereits in andere Sprachen übersetzte Buch bietet eine vortreffliche, inhaltlich wie methodisch moderne Darstellung des Gegenstandes und ist als Lesebuch wie als Lernbuch bestens geeignet.

Graus, František: *Lebendige Vergangenheit. Überlieferung im Mittelalter und in den Vorstellungen vom Mittelalter* (Köln 1975). Eine sehr lesenswerte und vor allem methodisch wie inhaltlich zu beherzigende Untersuchung des vorwissenschaftlichen Geschichtsbildes und dessen Einwirkung auf die Historie.

Jarnut, Jörg: *Geschichte der Langobarden* (Urban Tb 339, Stuttgart 1982). Ein guter, moderner Überblick über die Geschichte eines Volkes, deren Darstellung derzeit fehlt (siehe Walter Pohl).

Miltner, Franz: *Vandalen*. Real-Enzyklopädie der Klassischen Altertumswissenschaften II 15 (1955) col. 298 ff.

Much, Rudolf: *Die Germania des Tacitus* (Heidelberg [3]1967). Stark überholt in der „enthusiastischen" Sicht der Germanen, jedoch keineswegs im Materialreichtum und in der Zusammenschau der verschiedensten Wissenschaften.

Pohl, Walter: *Die Gepiden und die Gentes an der mittleren Donau nach dem Zerfall des Attilareiches*. Die Völker an der mittleren und unteren Donau im 5. und 6. Jahrhundert (Hg. Herwig Wolfram/Falko Daim, Denkschriften der Österreichischen Akademie der Wissenschaften, phil.-hist. Kl. 145, Wien 1980) 240 ff. Modernste und methodisch beste Darstellung der völkerwanderungszeitlichen Geschichte des mittleren Donauraums. Walter Pohl, der 1988 seine vielbeachteten „Awaren" in der Beck-Reihe „Frühe Völker" herausbrachte, bereitet für dieselbe Serie eine ebenso umfangreiche Darstellung der Langobarden vor.

Schmidt, Ludwig: *Die Ostgermanen* (München [2]1941 – Neudruck 1969).
– Geschichte der Vandalen (München [2]1942).

– Die Westgermanen. 2 Bände (München ²1938/40 – Neudruck 1969). Ludwig Schmidt, dessen grundlegende Werke bereits 1914 in erster Auflage erschienen, ist aus der deutschen Germanen-Forschung nicht wegzudenken, obwohl manche seiner Wertungen, etwa im Falle Marbods und des Arminius, heute unerträglich geworden sind.

Timpe, Dieter: *Arminius-Studien* (Bibliothek der Klassischen Altertumswissenschaft NF II 34, Heidelberg 1970). Diese nüchterne und verläßliche Quellenkritik schuf die Voraussetzung dafür, daß man sich wieder in deutscher Sprache wissenschaftlich mit dem Arminius-Thema beschäftigen kann.

Wenskus, Reinhard: *Stammesbildung und Verfassung. Das Werden der frühmittelalterlichen Gentes* (Köln/Graz 1961 – Neudruck 1977). Zur Wertung und Bedeutung dieses Werkes siehe oben S. 10 f.

Wolfram, Herwig: *Die Goten. Von den Anfängen bis zur Mitte des 6. Jahrhunderts. Entwurf einer historischen Ethnographie* (München ³1990). Davon gibt es eine italienische (1985), amerikanische (1988) und französische (1990) Übersetzung.

– *Das Reich und die Germanen* (Berlin ²1992).

Zöllner, Erich: *Geschichte der Franken bis zur Mitte des 6. Jahrhunderts* (München 1970). Der Wiener Emeritus hat mit diesem, noch auf der Grundlage Ludwig Schmidts aufbauenden Werk eine ganz wichtige Verbindung zwischen der älteren und der jüngeren Germanen-Forschung hergestellt. Seine Arbeit ist verläßlich und methodisch sauber.

# Register

# Mittelalter

*Herwig Wolfram*
## Die Goten
Von den Anfängen bis zur Mitte des sechsten Jahrhunderts.
Entwurf einer historischen Ethnographie
3., neubearbeitete Auflage. 1990. 596 Seiten. Leinen
(Reihe „Frühe Völker")

*Walter Pohl*
## Die Awaren
Ein Steppenvolk in Mitteleuropa 567–822 n. Chr.
1988. 529 Seiten. Leinen
(Reihe „Frühe Völker")

*Wilhelm Volkert*
## Adel bis Zunft
Ein Lexikon des Mittelalters
1991. 307 Seiten. Leinen

*Joachim Heinzle (Hrsg.)*
## Das Mittelalter in Daten
Literatur, Kunst, Geschichte. 750–1520.
Unter Mitwirkung von Hartmut Beckers,
Dorothea und Peter Diemer, Harald Ehrhardt, Jörg O. Fichte,
Albert Gier, Helmut Hucke, Peter Christian Jacobsen,
Chris E. Paschold, Alfred Thomas, Hildegard C. Tristram
1993. 433 Seiten. Leinen

*Horst Fuhrmann*
## Einladung ins Mittelalter
4., durchgesehene Auflage. 1989.
327 Seiten mit 45 Abbildungen. Leinen

*Heinrich Fichtenau*
## Ketzer und Professoren
Häresie und Vernunftglaube im Hochmittelalter
1992. 351 Seiten. Gebunden

Verlag C. H. Beck München

# Neue Deutsche Geschichte
*Herausgegeben von Peter Moraw,*
*Volker Press und Wolfgang Schieder*

Verlag C.H.Beck München